英語原典で読む

現代経済学

根井雅弘

白水社

英語原典で読む現代経済学

装画＝佐貫絢郁　　　装幀＝小林剛　　　組版＝鈴木さゆみ

目　次

はしがき

　私たちが大学生の頃、どこの学部にも原書購読の授業があり、しかもそれは全体のカリキュラムのなかでかなり重要な位置を占めていた。経済学が専門なら、例えばサムエルソンの教科書とか、ケインズの『一般理論』、ヒックスの『価値と資本』などを原典で読むことが推奨されていたものである。

　もっとも、「推奨」されていたとはいっても、学生たちがどれだけ真剣にそれを受けとめていたかは微妙だが、少なくとも大学院に進学して専門に経済理論や経済学史を学ぼうとしている学生たちにとって、それは必ず通らねばならない道だと考えられていたといっても過言ではない。

　現在でも、たいていの大学には、原書購読に当たる授業はある。しかし、その比重は、語学教育が「聞く」「話す」方向へシフトしていった時代の流れを反映して、ずいぶん落ちてきたように思われる。かつては大学院入試には必須であった第二外国語も、いつの間にか、受験科目から消えてしまった。

　私は、拙著『経済学者の勉強術』（人文書院）に書いたように、若き日に社会学者の清水幾太郎先生と知り合いになり、その蘊蓄に接して学者を志した者である。その清水先生は、旧制中学の頃

から語学に堪能で、大学では英・独・仏の原書を読み漁っていたようなインテリであった。清水先生を模範にして学問に勤しんできた私にとっては、最近の流れはとうてい受け容れ難いものだったが、せめて英語だけでもなんとかしたいと思い立って、数年前、web ふらんす上で連載した文章を、『英語原典で読む経済学史』（白水社）と題して世に問うた。

ところが、私の予想に反して、その文章を連載中から、読者の関心はなかなか高く、その本も早々と増刷が決まった。ということは、学問を原典で読めるようになりたいという読者の関心は潜在的にはきわめて高いのだが、ただそのような授業がいまや大学にはほとんどなくなったがゆえに案内書が存在しなかったということなのだ。白水社の担当編集者、竹園公一朗氏は、あとから聞いたが、最初からそのような層に必ず受け容れられると確信して企画を決めたようだった。

そうならば、前作はアダム・スミスから始めてケインズで終わっていたので、それ以後の経済学の流れを英語原典で読む続編を作ってみようと思った。英語を学ぶという趣旨から、現代経済学で顕著になってきた高等な数学ばかりが並んだ英文（というよりほとんど数学しか登場しない）は除外せざるを得なかったが、本書に登場するハイエク、フリードマン、ポランニー、ガルブレイス、サムエルソンなどは経済学を学んだことがあれば知っておかねばならない名前ばかりなので、彼らが書いた英文を直に読んでみる意義は決して小さくない。私自身の試訳を提示するにあたっては、もちろん、すでにある既訳も参考にさせていただいたが、前作で強調したように、英文法通りの読み方では意味が取れない

英文は、できる限り語順を重視した試訳を提示しておいたつもりである。

　前作同様、本書が原典で経済学を学びたい学生や社会人たちに受け容れられることを願ってやまない。

2020 年 3 月 3 日

第1章

E・H・カー

これから新しく入ってきた大学院生を対象にした基礎講義を始めたいと思います。京都大学では「自由な学風」を尊ぶ伝統があるせいか、大学院での教育は各研究室のゼミナールを中心におこなわれてきましたが、時代の流れに押されて、カリキュラム改革が進み、大学院生にも基礎講義をするべきだという意見が大勢を占めるようになりました。

　大学院生といっても、専攻は様々ですが、基礎講義は専門に関係なく修めておくのが望ましい科目として位置づけられています。私の専門は経済学史ですが、理論経済学や経済政策などの専門家を目指す大学院生たちにもなんとかついていけるように心がけたいと思います。

　みなさまは、E・H・カー（1892−1982）という歴史家をご存じでしょうか。歴史の好きな人なら、日本でも広く読まれている『歴史とは何か』（清水幾太郎訳、岩波新書、1962 年）をすでに読んだことがあるかもしれません。しかし、ここでは、その知識のあるなしは措いておきましょう。

　今日のテキストは、カーが BBC 第三放送で講演したものをまとめた『新しい社会』（*The New Society*, Macmillan, 1951）です（清水幾太郎訳、岩波新書、改版 1963 年）。1951 年のイギリスで「新しい

社会」とカーが呼んでいるのは、要するに、「社会主義社会」のことです。ベルリンの壁の崩壊以来、社会主義は魅力を失いましたが、第二次世界大戦後まもない 1951 年の時点では、自由放任主義に代わってケインズ主義が福祉国家路線と手を携えてイギリスの経済社会の基本的な枠組みを創り出しつつあったといってもよいでしょう。ちょうどカーの本は、第二章が「競争から計画経済へ」と題されているので、当時の社会的コンセンサスを知るにはよい題材です。まず、出だしの文章を読んでみましょう。訳文は原則的に私のものですが、もちろん、すでに流通している訳書からも多くを学びました。

Experience shows that the structure of society at any given time and place, as well as the prevailing theories and beliefs about it, are largely governed by the way in which the material needs of the society are met. In feudal Europe, as in most settled primitive communities, the unit of economic self-sufficiency was extremely small. Division of labour there was; but, apart from the famous traditional division between "those who fight, those who pray and those who work", it was confined mainly to the division of labour between man and woman and to the simple specialization of rural crafts. In the then conditions of transport, trade was conceivable only in luxury articles of high value for the benefit of a few privileged persons; where it existed, it was carried on by outsiders coming from afar, and did not enter into the life of the community as a whole.

Through the centuries that followed improved techniques of production led to the growth of cities, bringing the decay of the small self-sufficient unit and a new division of labour between town and country, the development of international trade and the beginnings of international banking and finance, and then, in the so-called mercantilist age, the consolidation of large potentially self-sufficient national markets. Through the same centuries new conceptions of social relations and social obligations were growing up side by side with the old patterns and gradually driving them out — first the new and revolutionary conception of the enterprising individual who enriches himself in competition with other individuals by providing services useful to the community, and then the equally new and revolutionary conception of national loyalties replacing, on the one hand, the old loyalty to the local community and, on the other, the old loyalty to the universal church and empire.（pp.19-20）

　「経験によって明らかになったことは、ある与えられた時代と地域の社会構造は、それに関する支配的な理論や信念と同様に、社会の物質的必要がどのように充たされるかによって大部分支配されるということである。封建時代のヨーロッパでは、多くの定住型の未開社会のように、経済的な自給自足の単位は極めて小さかった。たしかに、分業はあった。しかし、「戦う者」「祈る者」「働く者」という有名な伝統的な

区別を除けば、それは男女間の分業と、農村の手工業における単純な専門化に限定されていた。当時の輸送事情では、貿易が成り立つとすれば、少数の特権階級のために高価な奢侈品を取り扱うのみであった。しかし、貿易がおこなわれていたところでも、それは遠くから来るアウトサイダーによって担われており、社会全体の生活のなかには入ってこなかった。その時代に続く数世紀を通じて、生産技術の改良が都市の成長をもたらし、小規模な自己充足の単位を崩壊させ、都市と田舎の間の新しい分業、国際貿易の発展と国際的な銀行業や金融の開始を招き、ついで、いわゆる重商主義の時代に、潜在的に自給自足の可能性のある大規模な国民市場を強固に形作ったのである。同じ数世紀を通じて、社会関係や社会的義務に関する新しい概念が古い型と並んで成長していったが、やがて次第に古い型を駆逐した。——新しい観念とは、第一に、個人企業家という新しく革命的な概念である。個人企業家は、他の個人と競争しながら、社会にとって有用な活動に従事することによって自分自身も富ませるのである。それから、第二に、国家への忠誠という同じように新しく革命的な概念である。国家への忠誠は、一方で地域社会への古い忠誠に取って代わるとともに、他方で全世界の教会や帝国への古い忠誠に取って代わるのである。」

　カーは特別むつかしいことを言っているわけではありません。自給自足の経済から始まって、数世紀の間に生産技術の改良が進み、18世紀後半の産業革命とつながります。カーは、「個人企業

家」という新しい概念と、「国家に対する忠誠」というこれまた新しい概念が生まれたことに注目していますが、この二つは、市場の規模が小さく、地域集団のなかで自給自足的な生活をしていた時代にはなかったものでした。産業革命は、市場の大きさの拡大と手を携えて、国際貿易と国際金融を発展させ、ロンドンのザ・シティは世界経済と世界市場の中心地となりました。

　一言でいえば、「市場の法則への服従」を強いられる時代が開花しようとしていました。それを正当化するのが、いわゆる「自由放任主義」の思想でした。カーは、トーマス・マコーレーやフレデリック・バスティアの名前を引いていますが、要するに、次のようなことでした。

In this society of free and equal individuals harmoniously competing against one another for the common good the state had no need to intervene. It did not intervene economically — to control production or trade, prices or wages; and still less politically — to guide and influence opinion. It held the ring to prevent foul play and to protect the rights of property against malefactors. Its functions were police functions. It was what Lassalle, the German socialist, contemptuously called the "night-watchman state". (p.21)

　「自由で平等な個人が不調和を生み出すことなく共通善のためにお互いに競争している社会においては、国家が介入する必要は全くなかったのである。国家は経済の分野で介入をし

なかった（例えば、生産、貿易、価格、賃金の統制）。まして、政治の分野での介入（例えば、世論の誘導や統制）をする必要があるはずもなかった。国家は傍観者のように反則行為を防止し、犯罪者から所有権を守るだけでよかった。国家の機能は、警察の機能だった。国家は、ドイツの社会主義者ラサールが「夜警国家」と軽蔑的に呼んだものに他ならなかったのである。」

　カーは、このような自由放任主義や夜警国家が、急激ではなく、産業革命以来徐々に変容していき、今日に至ったことを例示しています。例えば、1890年代のイギリスでは、産業上の事故に備えるための「労働保険」が導入されました。またこの頃には、イギリス経済は、競争市場というよりは独占や寡占が一国内の経済に占める割合が増大していたのです。

　自由放任主義者たちの誤算は、自由放任が「予定調和」をもたらすよりは、やがて「新しい不平等」を生み出したことでした。カーは、次のように言っています。

What was far more serious was that the revolution, which purported to wipe out the old inequalities and did in large measure wipe them out, soon bred and tolerated new inequalities of its own. The notion of a society in which individuals start equal on equal terms in each generation — the unqualified recognition of *la carrière ouverte aux talents* — is soon tripped up by what seems to be a deep-seated human instinct. However firmly we may in theory believe in an equal start for everyone in the race, we have no desire that our children should start equal with the children of the Joneses — assuming that our greater wealth or more highly placed connexions enable us to give them the initial advantage of better nutrition, better medical care, better education or better opportunities of every kind. Twenty years ago a school was started in the Kremlin in Moscow for children of high party and Soviet officials. Nobody supposes that its function was to enable these children to start equal with other Russian children. And so, in every society, however egalitarian in principle, inherited advantages quickly set in motion the process of building up a ruling class, even if the new ruling class has not the additional asset of being able in part to build on the foundations of the old. (pp.23-24)

「はるかにもっと深刻だったのは、あの革命が、古い不平等を一掃すると称し、事実、その大部分を除去したにもかかわらず、まもなく独自の不平等を生み出し、それを黙認したことであった。個人が各世代ごとに平等な条件で平等にスタートするという社会の観念──「出世は才能次第」ということを無条件に認めること──は、まもなく根深い人間の本能と思えるものによって覆されたのである。私たちが、理論上、競争では誰もが平等にスタートすべきだとどれほど固く信じていたとしても、私たちは自分の子供たちが隣人の子供たちと平等にスタートすべきだとは決して願っていない。──つ

まり、私たちの大きな富や有力なコネクションがあれば、子供たちは、より優れた栄養、医療、教育、あらゆる種類の機会の便宜を最初から享受するのが当然のことのように決めてかかっているのである。20 年前、モスクワのクレムリンに党幹部とソヴィエト政府の官吏のための学校が設立された。その学校の役割が、党幹部やソヴィエト政府の官吏の子供たちを他のロシアの子供たちと平等にスタートさせるためにあるとは、誰も信じない。それゆえ、どの社会でも、原理上は平等主義であったとしても、相続した利益によって新しい支配階級を作り出す過程が始まるのである。たとえ新しい支配階級が古い支配階級の基礎の上に部分的に建て増しするだけの追加的資産をもっていなかったとしてもそうである。」

しかし、カーによれば、自由放任主義に「最後の一撃」を加えたのは、1930 年代の大不況でした。大不況が訪れるまでは、自由放任主義の力は衰えたとはいえ、どこかで影響力を保っていましたが、経済危機が労使双方を耐えきれない苦境に陥れて初めて、自由放任主義が終焉を迎えたというのです。次の英文を読んでみましょう。

In orthodox capitalist theory, crisis was the catalyst which purged unsound and unhealthy elements from the system, the regulator which readjusted the delicate balance of supply and demand, the court of appeal which rewarded the industrious and the provident and condemned the foolhardy and the negligent to perdition. It was part of the normal procedure of punishing and expelling the inefficient, and operated as such in the nineteenth century with comparatively moderate results in economic dislocation and human suffering — results which were accepted as the proper and inevitable cost of a working economic system. But in the twentieth century both the practice and the theory of periodic economic crises were rejected as intolerable — partly because humanitarian people refused any longer to believe that men who had so brilliantly mastered the secrets of material production were unable to devise some less wasteful and preposterous method of organizing distribution, but mainly because the great organized forces of capital and labour now both revolted more and more sharply against each successive crisis and turned more and more impatiently to the state to rescue them from its impact. If the cry for help came even more strongly from the side of capital than from that of labour, this was probably because the capitalists had closer affiliations to the ruling class and more direct and impressive means of access to its ear. 〔pp.27-28〕

　「正統的な資本主義の理論では、恐慌は資本主義の制度から不健全で不健康な要素を一掃する促進剤であり、需要と供給の微妙なバランスを再調整する調整器であり、勤勉で先見の明のある人々に報酬を与え、向こう見ずで怠慢な人々に死刑を申し渡す法廷であった。恐慌は無能な人々を罰し放逐する

正常な手続きの一部であり、実際 19 世紀ではそのように働いたので、経済的混乱や人間の苦しみという点では比較的軽微な結果しか生まなかった。——その結果は、経済システムの作用に伴う適切で不可避的なコストとして受け容れられていた。しかし、20 世紀に入って、周期的経済恐慌の経験も理論も耐え難いものとして拒否されるようになった。——その理由の一部は、人道主義者たちが、物質的生産の秘密をあれほど見事に修得した人々が、もっと無駄がなく合理的に分配を組織する何らかの方法を考案できないということをもはや信じなくなったからだが、主な理由は、資本と労働の大きな組織力がいまやともに何時も引き続いて生じる恐慌にますます激しく反発し、政府に対してその衝撃から救済してくれとますます性急に要求するようになったからだ。たとえ救いを求める声が労働側よりも資本側からのほうが一層強く起こったとしても、これはたぶん資本家のほうが支配階級とより緊密な協力関係にあり、支配階級の耳にもっと直接的かつ印象的に接近する手段をもっていたからだろう。」

しかし、カーは、自由放任の思想が直ちに滅んでしまったと言っているのではありません。アメリカには自由放任主義の伝統はヨーロッパよりも根づいていました。それは、ニューディール期に確かに揺らぎましたが、「思想」の影響はもっと長く続くものです。大不況の最中でさえ、資本主義を窒息させるのは、資本主義に内在的な欠陥ではなく、各国政府が自由放任の原則から離れて、「統制」「制限」「配給」「計画」などの処方箋を採用したか

らだと言い張る頑固な保守主義者がおりました。カーは、その辺の事情を、ケインズの言葉をもじって次のように説明しています。

In theory, if it had been possible everywhere in the 1920's and 1930's to apply the principle of absolute non-intervention by the state, and if capitalists themselves could have been prevented from combining to protect themselves against the free working of the capitalist system, the economic balance would in the long run have readjusted itself. But this was the "long run" in which, as somebody once said, we shall all be dead. Such readjustment would have called for an entirely new pattern of world economy, a shifting of centres of production from continent to continent, an intensification of existing inequalities between man and man and between nation and nation, and the unemployment, transplantation or final extinction of vast populations. This fantastic nightmare is a sufficient answer to the plea that there was nothing wrong with the capitalist system, but only with the measures taken by governments — or by capitalists themselves — to interfere with its free operation.〔pp.32〕

「理論上は、もし1920年代と1930年代に、どこでも国家が絶対に介入しないという原理を適用することが可能であり、しかも資本家自身も資本主義体制の自由な働きに対してみずからを守るために連合することができなかったならば、経済のバランスは長期的には再び回復していただろう。しか

し、この「長期的には」、誰かがかつて言ったように、私たちはみな死んでいただろう。そのような再調整がおこなわれるには、世界経済の様式が全く新しくなり、生産の中心が大陸から大陸へと移動し、人間と人間、国と国とのあいだに存在する不平等が激化し、膨大な人口が失業し、移動し、最終的には死滅しなければならなかっただろう。このようなとんでもない悪夢は、資本主義体制には何も問題はなく、ただ政府——あるいは、資本家自身——がその自由な働きに介入しようとしてとった手段のみが問題だったのだという言い逃れに対する十分な答えなのである。」

　しかし、自由放任の終焉は、歴史的には紆余曲折を経て定着していきます。カーは決して観念論者ではないので、かつてヒトラーが平時に「計画経済」を実施し、失業者を救済したことに触れています。ただ、同時に、ヒトラーの目的が「社会政策」ではなく「再軍備」にあったことを鋭く指摘しました。私には、この問題は予想以上に根が深いように思えます。というのは、第二次世界大戦後、アメリカでもケインズ主義が普及していくのですが、「軍産複合体」という言葉があるように、ケインズ主義はまもなく「軍事化」されたものとして定着していくからです。ケインズの愛弟子で、「左派ケインジアン」を自任したジョーン・ロビンソンは、そのようなアメリカのケインズ主義を厳しく批判しましたが、ご関心があれば、拙著『定本　現代イギリス経済学の群像——正統から異端へ』（白水社、2019 年）をお読み下さい。

　それにもかかわらず、カーは、『新しい社会』を刊行した時点

において、「社会主義の本質」を次のように捉え、それを民主主義と結合する道を歩もうとします。

But the essence of socialism resides in the manner in which production is organized, in the purposes which inspire the public control and planning of the economy. (p.38)

「しかし、社会主義の本質とは、生産を組織する方法にあり、経済の公共的制御と計画を導く目的にある。」

そして、カーは、民主主義と社会主義を結合する仕事が、第二次世界大戦後のイギリスやヨーロッパ諸国の一部のアジェンダとなったという趣旨のことを書いています。もちろん、カーは、このアジェンダを達成することは生易しいことではないと理解しています。しかし、戦争が回避できるならば、民主主義を存続させるコースは、社会主義との結合以外にないというのです。

民主主義と社会主義の結合は、現代なら、「社会民主主義」と呼ばれるでしょう。社会民主主義も多くの問題を抱えていますが、その問題については、のちにハイエクやフリードマンなどが触れてくれるはずです。

 参考文献

E・H・カー『新しい社会』清水幾太郎訳（岩波新書、1963年改版）

第 2 章

フリードリヒ・A・ハイエク

前章では、識者のあいだで「新しい社会」とは「社会主義社会」のことだというコンセンサスが広がっていた時代の作品を読みました。私は、以前、別の大学で講演したとき、社会主義の思想が日本人のインテリにも大きな影響を与えたことを幾つかの例を引きながら伝えようとしたのですが、あとでいただいた感想文を読むと、「そんな話は信じがたい」というようなものが少なからずあって愕然としたものでした。思想史の専門家は、それほど社会主義は人気がないということをもっと自覚しなければならないと思います。

　こんな時代なので、E・H・カーが必然の流れと見なした「新しい社会」＝「社会主義社会」という通念に果敢にも異議を申し立てたフリードリヒ・A・ハイエクの『隷属への道』（*The Road to Serfdom*, first published in 1944, reprinted in 2001 as Rouledge Classics）がよく読まれているのでしょう。この本を手にしているようなら、マルクス経済学が全盛の時代には「反動」と呼ばれたとある碩学から聞いたことがあります。ハイエク自身も、『隷属への道』が「政治的パンフレット」として扱われるのを非常に気にしていたようです[1]。

1　スティーヴン・クレスゲ、ライフ・ウェナー編『ハイエク、ハイエクを語る』嶋津格訳（名古屋大学出版会、2000 年）第 3 部参照。

しかし、ベルリンの壁の崩壊のあと、社会主義諸国のほとんどが雪崩を打って崩壊してしまった現在、マルクスだけでなくハイエクも「政治」を抜きにして読解することができるようになったのは、若い人たちにはむしろよいことだと思います。あまり先入観を与えたくないので、ハイエクの主張を第7章「経済統制と全体主義」を中心に読んでみましょう。

> Unfortunately the assurance people derive from this belief that the power which is exercised over economic life is a power over matters of secondary importance only, and which makes them take lightly the threat to the freedom of our economic pursuits, is altogether unwarranted. It is largely a consequence of the erroneous belief that there are purely economic ends separate from the other ends of life. Yet, apart from the pathological case of the miser, there is no such thing. The ultimate ends of the activities of reasonable beings are never economic. Strictly speaking there is no "economic motive" but only economic factors conditioning our striving for other ends. What in ordinary language is misleadingly called the "economic motive" means merely the desire for general opportunity, the desire for power to achieve unspecified ends. If we strive for money it is because it offers us the widest choice in enjoying the fruits of our efforts. Because in modern society it is through the limitation of our money incomes that we are made to feel

the restrictions which our relative poverty still imposes upon us; many have come to hate money as the symbol of these restrictions. But this is to mistake for the cause the medium through which a force makes itself felt. It would be much truer to say that money is one of the greatest instruments of freedom ever invented by man. It is money which in existing society opens an astounding range of choice to the poor man, a range greater than that which not many generations ago was open to the wealthy. We shall better understand the significance of this service of money if we consider what it would really mean if, as so many socialists characteristically propose, the "pecuniary motive" were largely displaced by "non-economic incentives". If all rewards, instead of being offered in money, were offered in the form of public distinctions or privileges, positions of power over other men, or better housing or better food, opportunities for travel or education, this would merely mean that the recipient would no longer be allowed to choose, and that, whoever fixed the reward, determined not only its size but also the particular form in which it should be enjoyed. (pp.92-93)

　最初から英語らしい文章が出てきました。構文は単純です。the assurance が主語で、is altogether unwarranted が述語の部分です。難しい英文ではないので、英文法通りでも意味は通じますが、assurance 以下が若干長いので、訳すには少し工夫が必要でしょう。

「残念ながら、人々は、経済的生活に行使される権力は二次的な重要性しかもたない問題に対する権力であり、それゆえ、その権力がわれわれの経済的追求の自由にとっての脅威になることはほとんどないと堅く信じているのだが、そのような思い込みは全く根拠がない。それは、主として、人生の他の目的とは区別された、純粋に経済的目的があるという誤った信念の一つの帰結である。だが、守銭奴のような病理的なケースを別にすれば、そのようなものはないのである。理性的な人間の究極的な活動目的は、決して経済的なものではない。厳密にいえば、「経済的動機」なるものはないのだが、ただ経済的要因というものはあり、私たちが他の目的を達成するための奮闘を条件づけているのである。日常の言葉で「経済的動機」と誤解を招きやすい形で呼ばれているものが意味しているのは、単に機会一般への欲望、さまざまな目的を達成するための権力への欲望である。私たちが貨幣を求めて争うのは、まさに貨幣が、私たちの努力の果実を享受する際に最も広い選択の幅を与えてくれるからである。」

ここで、いったん切りましょう。現代でも、世界を見渡すと、「政治的自由」のないまま「経済的自由」によって経済が活況しているように見える幾つかの国があることに気づきます。それらの国々の指導者は、「経済」を景気よくするには、政治的自由は制限されてもよいと思っているのでしょうか。また、国民は、政治的に自由に発言できなくとも、景気さえよければよいと思って

いるのでしょうか。しかし、ハイエクは、このように「政治的自由」と「経済的自由」を完全分離可能であるかのように議論するのは誤解を招きやすいと考えているわけです。続きを読んでみます。

　「なぜなら、現代社会では、私たちの貨幣所得には限界があるということを通じて、（私たちが）いまだに相対的貧困を強いられているという制約を感じるので、多くの人々は貨幣をこのような制約の象徴として憎むようになったからである。しかし、これは、ある力を（周囲に）感知させるための手段を目的と勘違いしたものだ。むしろ次のように言ったほうが真理に近いだろう。すなわち、貨幣は、これまで人間によって発明された自由の道具のなかで最も偉大なものの一つであると。その貨幣こそが現在の社会において貧しい人間にも驚くべき選択の幅を広げるのだが、その幅というのは、数世代前、豊かな者だけに開かれていたものよりも広いのである。私たちがこのような貨幣の貢献の意義をもっと深く理解するには、次のようなことが起こったら実際何を意味するのかを考察してみればよいだろう。すなわち、多くの社会主義者たちの提案に象徴的にみられるように、「金銭的動機」が大部分「非経済的誘因」に取って代わられたらどうなるのかと。もしすべての報酬が、貨幣で提供される代わりに、公的な栄誉または特権、他の人間を支配する地位、またはよりよい住宅や食糧、旅行や教育の機会というような形で与えられるならば、それを受け取る者にはもはや全く選択の余地がな

くなり、しかも、その報酬を決定した者は誰でも、報酬の大きさばかりでなく、その特定の享受方法までも決定することになるだろう。」

　ハイエクの英文は、たしかに、英米人が書くそれよりも若干息が長くわかりにくそうですが、ギリシャ語でもラテン語でもないので、ちゃんと筋を追っていけば理解できるはずです。ハイエクは、個人が「経済的価値」よりも「非経済的価値」を選ぶのであれば、何も問題ではないと考えます。しかし、もし中央計画当局が何が重要で何が重要でないかを判断し、それを個人に押しつけるような度合いが増えれば、選択の自由がどんどん浸食されていきます。初めは生活のごく一部分の統制だったものが次々にその統制の範囲が広がっていく——ハイエクの危惧もそこにあります。
　経済の分野だけをとってみても、経済体系は相互依存関係にあるわけなので、例えば一つの財の価格を統制するだけでも、その財の需給だけを見ているだけでは十分ではなく、他の財やサービスの需給も考慮しなければなりません。とすると、当初は一部の統制で済むと思っていたものが次第に他の部分へと拡張せざるを得ないことも予想がつくのではないでしょうか。
　次の英文を読んでみましょう。

The authority directing all economic activity would control not merely the part of our lives which is concerned with inferior things; it would control the allocation of the limited means for all our ends. And whoever controls all economic activity controls the means for all our ends, and must therefore decide which are to be satisfied and which not. This is really the crux of the matter. Economic control is not merely control of a sector of human life which can be separated from the rest; it is the control of the means for all our ends. And whoever has sole control of the means must also determine which ends are to be served, which values are to be rated higher and which lower, in short, what men should believe and strive for. Central planning means that the economic problem is to be solved by the community instead of by the individual; but this involves that it must also be the community, or rather its representatives, who must decide the relative importance of the different needs. (p.95)

「すべての経済活動を指図する当局は、私たちの生活のなかで些細な事柄に関係する一部を統制するばかりでなく、私たちの目的すべてを達成するために限られた手段をどのように配分するかも統制するだろう。そうなれば、すべての経済活動を統制する者が誰であれ、私たちの目的すべてを達成するための手段を統制し、したがって、どの目的が満たされるべきで、どの目的がそうではないかを決定することになるはずである。これこそがまさに問題の核心である。経済的統制は、その他の部門と分離しうる人間生活の一部の統制であるばかりでなく、私たちの目的すべてを達成するための手段の統制でもあるのだ。そして、手段を独りで統制できる者が誰であ

れ、どの目的のために働くべきか、どの価値がより高く評価され、どの価値がより低く評価されるべきか、手短にいえば、人々は何を信じ、何のために努力すべきかをも決定しなければならない。中央計画化の意味は、経済問題は、個人の代わりに、社会によって解決されるべきであるということだ。だが、これは、社会、あるいはむしろその代表者たちこそが、異なる必要の相対的重要性を決定しなければならないということをも必然的に伴うものだ。」

　拙著『英語原典で読む経済学史』（白水社、2018 年）でも触れましたが、名詞のなかに動詞を読み込んだり副詞的に訳したりすると日本語らしい表現になることがあります。『隷属への道』の訳者、西山千明氏もそれを効果的に用いているのはさすがです。例えば、上の英文では、the allocation of the limited means for all our ends を、「私たちの目的すべてのための限られた手段の配分」と訳すよりは、「私たちの目的すべてを達成するために限られた手段をどのように配分するか」のほうがわかりやすいと思います。全体的に難しい英文ではないので、英文法通り訳してもなんとか通じるでしょう。

　ところで、当局が私たちの目的を達成するための手段を一手に握るとは何を意味するかというと、容易に予想されるように、経済的な権力を独占することです。しかし、ハイエクは、その権力は、民間部門の独占よりもはるかに強力であり、ほとんど無制限のものに近づくと考えます。

Our freedom of choice in a competitive society rests on the fact that, if one person refuses to satisfy our wishes we can turn to another. But if we face a monopolist we are at his mercy. And an authority directing the whole economic system would be the most powerful monopolist conceivable. While we need probably not be afraid that such an authority would exploit this power in the manner in which a private monopolist would do so, while its purpose would presumably not be the extortion of maximum financial gain, it would have complete power to decide what we are to be given and on what terms. It would not only decide what commodities and services were to be available, and in what quantities; it would be able to direct their distribution between districts and groups and could, if it wished, discriminate between persons to any degree it liked. If we remember why planning is advocated by most people, can there be much doubt that this power would be used for the ends of which the authority approves and to prevent the pursuits of ends which it disapproves?（pp.96-97）

　「競争社会における私たちの選択の自由は、もしある人が私たちの希望を満たすことを拒否したならば、別のもう一人を頼ることができるという事実に基づいている。しかし、私たちが向き合うのが独占者だけなら、私たちは彼の意のままになってしまう。そうなれば、経済システム全体を指導する

当局は、考えうる最も強力な独占者になるだろう。たしかに、私たちは、そのような当局が民間の独占者がやりかねないようにこの権力を利用するだろうと心配する必要はおそらくないだろうし、その目的も金銭的な利益を最大限に搾り取ることではたぶんないだろうけれども、その当局は、私たちに何をどのような条件で供給するかを決定する完全な権力を掌握するだろう。すなわち、どんな財やサービスがどんな量で利用可能になるべきか、それらを地方や集団のあいだにどのように分配すべきか、そして、その気になれば、いかようにも人々を差別的に扱うことができるだろう。なぜ計画化が大多数の人々によって主張されているかを思い出すならば、この権力が当局が承認する目的のために使われ、承認しない目的を追求するのを阻止するために使われることを疑う余地などあまりあり得ないのではないだろうか。」

　こうして価格と生産を統制する当局の権力はほとんど無制限のものになっていくのです。ハイエクによれば、競争体制であれば市場で「価格」が決まり、この価格メカニズム（「市場メカニズム」と呼んでも同じです）が資源配分の役割を演じます。しかし、統制経済では、当局が目的と手段を掌中に握っているので、その意思決定によって資源の配分が歪曲される可能性が大いにあります。ハイエクに限らず、このような説明は現代の経済学教科書のなかによくみられるはずです。ハイエクは、そのような統制経済が何を意味するのかをもっと深く追究しようとします。
　例えば、競争体制では保障されている「職業選択の自由」も、

統制経済では奪われてしまいます。もちろん、これは、ハイエク
も注意しているように、競争体制の下では職業選択は最善の状態
にあるという意味ではないのですが、そこでは、少なくとも知識
や情報の流れが恣意的に止められることはないし、職業間の移動
も基本的に自由です。ところが、統制経済になれば、当局が特定
の職業への新規参入を統制できるし、報酬の統制もすることがで
きます。つまり、職業選択の自由はなくなるのです。ハイエクは、
次のように言っています。

Conditions will be without exception what in some measure they inevitably are in a large organisation—or rather worse, because there will be no possibility of escape. We shall no longer be free to be rational or efficient only when and where we think it worth while, we shall all have to conform to the standards which the planning authority must fix in order to simplify its task. To make this immense task manageable it will have to reduce the diversity of human capacities and inclinations to a few categories of readily interchangeable units and deliberately to disregard minor personal differences. Although the professed aim of planning would be that man should cease to be a mere means, in fact — since it would be impossible to take account in the plan of individual likes and dislikes — the individual would more than ever become a mere means, to be used by the authority in the service of such abstractions as the "social welfare" or the "good of the community". (pp.99-100)

「統制経済の状況は、例外なく、大組織がある程度不可避的に陥りやすい状況と似たものになるだろう——というよりはむしろ悪化するだろう。なぜなら、そこからどこにも逃げ出していく可能性がないだろうから。私たちはもはや、自分たちが手間をかける価値があると考える時と場所を選んで合理的または効率的であろうとする自由はないだろう。私たちはすべて、計画当局がその任務を単純化するために定めなければならない基準に従わざるを得ないだろう。このような途方もない任務を首尾よく成し遂げるには、計画当局は、多様な人間の能力と性向を少数の直ちに相互交換できる単位に分類し、意図的に小さな個人的相違は無視しなければならないだろう。計画化が公に提示している目的は、人間が単なる手段となることはやめるべきだというものだけれども、実際は——計画のなかで個人の好き嫌いを考慮に入れることは不可能だろうから——個人はますます単なる手段となり、「社会福祉」または「社会の利益」のような抽象概念に奉仕するように当局によって利用されるようになるだろう。」

　ハイエクの英文は、確かにイギリスへ渡った初期にはわかりにくかったようですが、その後、LSE 時代の同僚、ライオネル・ロビンズの助力のおかげでかなり改善されたと言われています。それでも、読みにくいと思う人もいるかもしれません。しかし、ハイエクと同じくウィーン大学出身で語学力にめっぽう優れていたシュンペーターの華麗ではあるもののときに解釈に迷う英文と

比較すると、まだましかもしれません。英語はハイエクとシュンペーターにとっては外国語ですが、興味深いことに、二人の書く英文には、前者が生真面目、後者が派手というように性格の違いまで表れています。シュンペーターの英文は、のちに取り上げる予定なので、記憶にとどめておいて下さい。

さて、ハイエクは、『隷属への道』第7章「経済統制と全体主義」を次のような言葉でむすんでいます。

It is often said that political freedom is meaningless without economic freedom. This is true enough, but in a sense almost opposite from that in which the phrase is used by our planners. The economic freedom which is the prerequisite of any other freedom cannot be the freedom from economic care which the socialists promise us and which can be obtained only by relieving the individual at the same time of the necessity and of the power of choice; it must be the freedom of our economic activity which, with the right of choice, inevitably also carries the risk and the responsibility of that right. (pp.104)

「よく言われるように、政治的自由は経済的自由がなければ無意味なのである。これは全く正しいのだが、その意味は、私たちの計画者たちの言葉遣いとはほとんど正反対である。経済的自由は、ほかの自由の前提条件でもあるが、それは、社会主義者が（私たちに）約束するような経済的不安か

らの解放ではありえない。というのは、経済的不安からの解放を成し遂げることは、個人を貧困から救済すると同時に、選択の権限を奪うことによってのみ可能だからである。だが、経済的自由は、私たちの経済活動の自由でなければならない。それは、選択の権利をもたらすがゆえに、危険やその権利に伴う責任をも負担せざるを得ない。」

なんとなく読めそうな英文ですが、例によって which が比較的多いので注意が必要です。原則通りできるだけ前から後ろへ読んでいきました。it must の前には ;（セミコロン）があるので、この場合、「だが」という言葉を補いました。（　）内は省略してもよいでしょう。日本語としてあまり不自然でなく窮屈でもないようにするには長年の修練が要るので、あわてず少しずつ上達していけばよいと思います。

ハイエクは、『隷属への道』のなかでは主に中央経済当局による「計画化」または「統制経済」に焦点を合わせているので、後年の彼のように、「総需要管理」→「計画化の拡大」→「自由の否定」という論法を使って直接ケインズを名指しで批判している部分はありません。しかし、『隷属への道』の思想からケインズやケインズ主義への批判につながることは容易に想像することができます。ケインズは、「個人の自由」や「多様性」を尊重する点で決してハイエクに劣るわけではなかったのですが、ハイエクがあまりに「原理」に忠実なあまり、眼前の経済的苦難（1930年代は、大量の「非自発的失業」の発生が世界的な問題になっていました）

に目を瞑ることがあってはならないと考えていました（詳しくは、拙著『ケインズを読み直す——入門現代経済思想』白水社、2017年を参照のこと）。

　社会主義経済がほとんど崩壊したあとにハイエクの『隷属への道』を初めて手に取った読者は、ハイエクがその本の出版当時は学界のなかで「孤立無援」であったことがなかなか理解できないでしょう。前章で取り上げたカーが、「新しい社会」＝「社会主義社会」という図式を当然のように語り、世界中の多くのインテリがそれを受け容れていた時代があったという歴史的事実を、繰り返しになりますが、頭のなかに入れておいて下さい[2]。

　2　アメリカの格差問題が深刻になってきた現時点（2020年3月）で、民主党の大統領候補者の一人、バーニー・サンダースがみずから「民主社会主義者」と名乗っていることが話題になっていますが、もちろん、その「社会主義」はハイエクの念頭にあるものよりは、北欧の社会民主主義に近いと思います。

参考訳

西山千明訳『隷属への道』ハイエク全集Ⅰ－別巻（春秋社、2008年新装版）

第 3 章

カール・ポランニー

ハイエク『隷属への道』が出版されたのと同じ年、ハンガリー出身の経済史家（いまでは思想家というべきでしょうか）、カール・ポランニー（1886−1964）の『大転換』がニューヨークで出版されました[1]。最近、ポランニーについての優れた研究書『カール・ポランニー——市場社会・民主主義・人間の自由』（NTT出版、2011 年）を出版した若森みどり氏によれば、この本の構想はポランニーのウィーン時代（1919−1933 年）にまで遡りますが、直接的には、イギリス亡命中に携わった労働者のための成人教育やイギリス社会経済史の講義準備などを通じて次第に全貌を現すようになったようです。

[1]　テキストは、2001 年、スティグリッツの序文を付して出版されたものを使います。
　　Karl Polanyi, *The Great Transformation : The Political and Economic Origins of Our Time*, first published in 1944, reprinted with a forward by Joseph E. Stiglitz, Beacon Press, 2001.

　ハイエクにとって、19 世紀に花開いたイギリスの自由主義（「古典的自由主義」と言ったほうがよいかもしれませんが）は 20 世紀にも継承されていくべき「遺産」でしたが、現実には、第二次世界大戦中から世界中の国々が自由主義から離れていく動きが顕在化しました。ハイエクは、前章でみたように、政府による民間部

門への干渉の拡大が、やがては全体主義をもたらすことを警告しましたが、ポランニーは、同時代人ながら、思考パターンが全く違っていました。どういうことでしょうか。

　まず、『大転換』のなかの有名な文章を読んでみましょう。

Market society was born in England — yet it was on the Continent that its weaknesses engendered the most tragic complications. In order to comprehend German fascism, we must revert to Ricardian England. The nineteenth century, as cannot be overemphasized, was England's century. The Industrial Revolution was an English event. Market economy, free trade, and the gold standard were English inventions. These institutions broke down in the twenties everywhere — in Germany, Italy, or Austria the event was merely more political and more dramatic. But whatever the scenery and the temperature of the final episodes, the long-run factors which wrecked that civilization should be studied in the birthplace of the Industrial Revolution, England.（p.32）

　「市場社会はイギリスで生まれた——それにもかかわらず、ヨーロッパ大陸こそ、市場社会の弱点によって最も悲劇的な混乱が生み出された場所であった。ドイツのファシズムを理解するためには、リカードの時代のイギリスに立ち返らねばならない。19世紀は、いくら強調してもし過ぎることはあり得ないように、イギリスの世紀であった。産業革命はイギ

リスの出来事だったのだ。市場経済、自由貿易、そして金本位制は、イギリスが発明したものである。これらの制度は、1920 年代には、世界中で崩壊した――ドイツやイタリアやオーストリアでは、崩壊の出来事は、単により政治的かつより劇的であったに過ぎない。だが、その最終的なエピソードの風景や熱気がどのようなものであれ、あの文明を破壊した長期的要因は、産業革命の発祥地、イギリスにおいて研究されるべきである。」

　England は正確には「イギリス」というよりは「イングランド」ですが、ここでは、誤解の余地はないので、イギリスでもよいでしょう。その England と the Continent（ヨーロッパ大陸）は並立して出てくるので、訳もあまり離れないような工夫をしてみました。具体的には、its weakness engendered 以下をあえて受身形で訳しています。

　産業革命が English event であると述べた数行あとに、ドイツ・イタリア・オーストリアでは、the event was merely…… という文章が続きますが、後者の event は、「市場経済」「自由貿易」「金本位制」というイギリスが発明した制度が崩壊したという event を指しています。同じ単語が使ってあるので、混同しないようにして下さい。

　さて、古典派経済学のリカードの名前が出てきましたが、すでに前著『英語原典で読む経済学史』（白水社、2018 年）において彼の経済学体系を解説しましたので、不安のある読者は拙著を参照

して下さい。ポランニーは、リカードだけではなく、マルサスやジョゼフ・タウンゼンド（牧師）などの名前を挙げて、彼らが「スピーナムランド法」（1795−1834）制定時の知識人の代表のように語っていますが、これはどういうことでしょうか。

　スピーナムランド法とは、Berkshire Bread Act とも呼ばれるように、イギリスのバークシャーで始まった貧民への賃金補助制度でした。それは「生存権」という考え方を導入した嚆矢だったのですが、複雑な事情が絡み合って結局成功を収めることができませんでした。若森みどり氏は、スピーナムランド法と同じ時期に、定住法の緩和や団結禁止法が制定されたことに注目し、「産業化」や「市場化」に反対する地主階級の抵抗 vs. 労働市場の柔軟性ひいては競争的労働市場の確立を目指す中産階級、という構図があったと指摘していますが、要するに、リカードやマルサスの時代の古典派経済学は、労働市場を含めてすべての市場を資本主義体制のなかに包摂しようとしていたので、そのような資本主義体制の要請に適うような要求のほうが優位を占めるようになり、スピーナムランド法を葬り去ったということでしょう。ポランニーは、次のように述べています。

The Speenhamland episode revealed to the people of the leading country of the century the true nature of the social adventure on which they were embarking. Neither the rulers nor the ruled ever forgot the lessons of that fool's paradise; if the Reform Bill of 1832 and the Poor Law Amendment of 1834 were commonly regarded as the starting point of modern capitalism, it was because they put an end to the rule of the benevolent landlord and his allowance system. The attempt to create a capitalistic order without a labor market had failed disastrously. The laws governing such an order had asserted themselves and manifested their radical antagonism to the principle of paternalism. The rigor of these laws had become apparent and their violation had been cruelly visited upon those who had disobeyed them.（p.84）

「スピーナムランド法のエピソードは、その世紀をリードした国の人々に、彼らが着手しつつあった社会的冒険の真の本質を明らかにした。支配者も被支配者も、その愚か者の楽園の教訓を決して忘れなかった。すなわち、1832年の改正選挙法と1834年の修正救貧法が近代資本主義の出発点としてふつう見なされたのなら、それは、その二つの法が慈悲深い地主の支配とその給付金制度に終止符を打ったからであると。労働市場なしで資本主義的秩序を創り出そうという試みは、無残にも失敗してしまっていたのだ。そのような秩序を支配する法則はすでに現れており、温情主義の原理とは根本的に敵対していることが明らかとなっていた。これらの法則の厳格さは明白となっており、それに従わなかった者にはひどい仕打ちが待っていたのである。」

　イギリスの選挙法改正は何度かおこなわれていますが、1832年の改正とは、腐敗選挙区の廃止や、財産制限は残ったものの産

業資本家階級に選挙権が拡大されたことを指しているでしょう。そして、1834年の修正救貧法とは、地方の教区ごとの救貧対策をすべて政府が接収し、政府による社会保障制度への第一歩であるとの評価はあるものの、働く能力のある労働者には勤労を強制したものなので、労働者階級の反発を招いたと言われています。この辺の叙述は、世界史や経済史の知識があったほうが理解しやすいと思います。イギリスに関していえば、君塚直隆編『よくわかるイギリス近現代史』（ミネルヴァ書房、2018年）を推薦しておきます。

　ポランニーはもともと経済史家なので、以上の歴史には精通していました。ポランニーは、たたみかけるように、次のように言っています。

Not until 1834 was a competitive labor market established in England; hence industrial capitalism as a social system cannot be said to have existed before that date. Yet almost simultaneously the self-protection of society set in: factory laws and social legislation, and a political and industrial working-class movement sprang into being. It was in this attempt to stave off the entirely new dangers of the market mechanism that protective action conflicted fatally with the self-regulation of the system. It is no exaggeration to say that the social history of the nineteenth century was determined by the logic of the market system proper after it was released by the Poor Law Reform Act of l834. The starting point of this dynamic was the

「1834年になって初めて、競争的労働市場がイギリスにおいて確立された。それゆえ、社会システムとしての産業資本主義は、その年代より前に存在したということはできないのである。それにもかかわらず、それとほとんど同時に、社会の自己防御が始まった。すなわち、工場法や社会立法、そして政治運動や産業労働者階級の運動が出現したのである。このような市場メカニズムという全く新しい危険を前もって防ごうとする試みにおいてこそ、防御的行動がそのシステムの自己規制と必然的に衝突したのである。こういっても過言ではない。19世紀の社会史は、1834年の修正救貧法によって解放されて以後の市場システム固有の論理によって規定されたのだと。このような原動力の出発点がスピーナムランド法であった。」

　ポランニーの英文は比較的平易なので、それほど苦労せずに読めるのではないでしょうか。しかし、彼が『大転換』の多くのページ数を費やして、選挙法改正や修正救貧法が市場システムの確立にとってもった意義を経済史上の事実に基づきながら論じていることに留意しましょう。経済学の入門テキストでは、このような事実には一切触れずに、アダム・スミスによって市場システムが確立されたかのように記述されていますが、歴史はもう少し複雑なのですから。

　貧困問題と経済学が関連していることは、経済学を学んだ者な

ら容易に想像がつきますが、ポランニーは、さらに、「市場の法則」に従う経済の領域のほかに、社会の領域というものが隠されており、それを発見したのが、ふつうはユートピア社会主義の思想家として知られているロバート・オーウェン（1771−1858）であったという独自の見解を提示しています。

Pauperism, political economy, and the discovery of society were closely interwoven. Pauperism fixed attention on the incomprehensible fact that poverty seemed to go with plenty. Yet this was only the first of the baffling paradoxes with which industrial society was to confront modern man. He had entered his new abode through the door of economics, and this adventitious circumstance invested the age with its materialist aura. To Ricardo and Malthus nothing seemed more real than material goods. The laws of the market meant for them the limit of human possibilities. Godwin believed in unlimited possibilities and hence had to deny the laws of the market. That human possibilities were limited, not by the laws of the market, but by those of society itself was a recognition reserved to Owen who alone discerned behind the veil of market economy the emergent reality: society. However, his vision was lost against for a century.（p.89）

　「貧困層、経済学、そして社会の発見は密接に関連し合っている。貧困層がいることによって、貧困が豊かさと共存す

るように思えるという理解しがたい事実に注意が向けられた。しかし、これは、産業社会の到来によって近代人が直面するようになった不可解なパラドックスの一つに過ぎなかった。近代人は、経済学のドアを通って新しい住家に入ったのだが、このような偶然的な事情によって、その時代が物質主義的な雰囲気を帯びることになったのである。リカードとマルサスにとっては、物質的な財以上に現実的なものはないように思えた。市場の法則は、二人にとっては、人間の可能性の限界を意味していた。ゴドウィンは、人間の可能性は無限であると信じていた。それゆえ、彼は市場の法則を否定しなければならなかった。人間の可能性を制限するのは、市場の法則ではなく社会それ自体の法則であるという認識は、オーウェンの登場を待たねばならならなかった。オーウェンひとりが、市場経済のヴェールの背後に出現しつつある現実、すなわち、社会を発見したのである。しかしながら、彼のヴィジョンは、再び一世紀ものあいだ失われてしまった。」

この英文も比較的平易ですが、場合によっては、能動態を受身形で訳したり、語順を重視して前から後ろへの原則を徹底したりしています。

例えば、Pauperism fixed attention on 以下は、直訳では、「貧困層が……に注意を向けた」となりますが、「貧困層がいることによって」という訳で始めたので、受身形が合っているように思います。逆に、That human possibilities were limited, not by the laws of the market, but by those of society itself 以下は、語順の原則か

らは、受身形ではなく能動態で訳したほうが明確になります。訳し方の好みもあるので、絶対ということはありません。各自工夫してみて下さい。

　余談ですが、Political Economy をどう訳すべきかについて私見を述べておきます。古典派時代の Political Economy なら、例外を除いて、「経済学」と訳してよいと思います。よく知られているように、Economics という言葉は、新古典派のアルフレッド・マーシャルが使い始めたのですが、その理由は必ずしも経済学者にもよく伝わっていないようです。マーシャルが夫人メアリーと執筆した初期の『産業経済学』から次の英文を読んでみましょう（Alfred and Mary Paley Marshall, *The Economics of Industry*, 1879, p.2）。

The nation used to be called "the Body Politic." So long as this phrase was in common use, men thought of the interests of the whole nation when they used the word "Political"; and then "Political Economy" served well enough as a name for the science. But now "political interests" generally mean the interests of only some part or parts of the nation; so that it seems best to drop the name "Political Economy," and to speak simply of **Economic Science**, or more shortly, **Economics**.

　「国家は以前は「統治体」と呼ばれていた。このような表現がふつうに通用していた限りでは、人々は、「ポリティカル」という言葉を使うとき、国家全体の利害のことを考えて

いた。それゆえ、「ポリティカル・エコノミー」は、その学問にふさわしい名称としての役割を十分に果たした。しかし、いまや、「政治的利害」が一般に意味しているのは、国家の利害のある部分のみか、いくつかの部分のことである。そこで、「ポリティカル・エコノミー」という名称を撤回し、単に「**経済科学**」（エコノミック・サイエンス）か、もっと簡潔に「**経済学**」（エコノミックス）と呼ぶのが最善のように思われる。」

　もともと、日本語の「経済学」は「経世済民」の意味なので、古典派の時代の Political Economy の訳語としては立派なもので、わざわざ「政治経済学」と言わなくともよかったのです。もしあえて「政治経済学」と訳す場合があったとすれば、そこには何かある意味ないし意図があっただろうと思います。しかし、マーシャルが言うように、現代は「政治」という言葉は特定の政党の利害のように国家全体の利害と必ずしも一致しなくなったので、Economics という名称が次第に普及していったのでした。もちろん、新古典派時代の学界の覇権を握っていたマーシャルが、主著のタイトルに Principles of Economics を選んだことも、大きな影響を及ぼしたに違いありません。ということで、経済学の文献を読むときは、いつの時代のどのような文脈で Political Economy が使われているのかに注意して下さい。

　さて、ポランニーのいうように、イギリスで1834年に「競争的労働市場」が確立されてから、「社会」の領域とは区別された

「経済」の領域において、「労働」だけでなく「土地」や「貨幣」も「商品」であると見なす「擬制」によって、それぞれについて「自己調整的市場」が確固たるものになっていくのですが、ポランニーの特徴は、そのような「市場システム」の拡大と同時に、「社会」の側からそれに抗う形で防御運動が生まれたと捉えているところに表れています。彼はこれを「二重の運動」と呼んでいますが、それによって、彼は、「市場システム」の分析だけに専念してきた大多数の経済学者が見損なった近代社会のダイナミズムを暴露することに成功しました。

　For a century the dynamics of modern society was governed by a double movement: the market expanded continuously but this movement was met by a countermovement checking the expansion in definite directions. Vital though such a countermovement was for the protection of society, in the last analysis it was incompatible with the self-regulation of the market, and thus with the market system itself.

　That system developed in leaps and bounds; it engulfed space and time, and by creating bank money it produced a dynamic hitherto unknown. By the time it reached its maximum extent, around 1914, every part of the globe, all its inhabitants and yet unborn generations, physical persons as well as huge fictitious bodies called corporations, were comprised in it. A new way of life spread over the planet with a claim to universality unparalleled since the age when Christianity started out on its career, only this time the movement was on a purely material level.

Yet simultaneously a countermovement was on foot. This was more than the usual defensive behavior of a society faced with change; it was a reaction against a dislocation which attacked the fabric of society, and which would have destroyed the very organization of production that the market had called into being. (p.136)

「一世紀ものあいだ、近代社会のダイナミクスは、二重の運動によって支配されていた。すなわち、市場は持続的に拡大していったが、この運動は、その市場の拡大が特定の方向に向かうのを抑制する対抗運動にぶつかったのである。そのような対抗運動は、社会の防衛のためには不可欠だったのだが、結局、市場の自己調整とは両立せず、したがって、市場システムそれ自体とも両立しなかった。

　市場システムは飛躍的に発展した。すなわち、それは空間と時間を巻き込み、銀行通貨を創造することによって、以前には未知であった力を生み出したのである。その力が最大に到達した1914年頃までには、地球上のどこでも、そこに住んでいるすべての人間および後世の世代、自然人ばかりでなく、法人と呼ばれる巨大な擬制体まで、市場システムの中に包摂された。新しい生活様式がこの惑星全体に拡散していったが、それが主張する普遍性は、キリスト教の布教が始まった時代以来、前代未聞のものであった。ただし、この度は、

その運動は純粋に物質的なレベルにとどまった。

　しかし同時に、対抗運動も始まった。これは、変化に直面した社会による通常の防御行動以上のものであった。すなわち、それは、社会の構造に攻撃をかけ、市場が生み出していた生産組織をまさに破壊する恐れがあった混乱に対する反作用だったのだ。」

いくつかの英文がやや長めなので、適当なところで切って語順通りに訳したところがあります。しかし、ハンガリー人のポランニーの書いた英文は、それほど複雑なものはほとんどなく、かなりわかりやすいと思います。ただし、内容は極めて重要なことを含んでいます。とくに、「二重運動」というのは、ポランニーを理解するためのキーワードなので、しっかり頭に叩き込んで下さい。

　ポランニーの独創性は、1930年代の大恐慌時代、市場システムが行き詰まったアメリカやイギリスにおいて、「二重運動」の結果としてニューディール政策や福祉国家が登場した一方で、ドイツでは、弱体化した市場システムを回復しようとする試みの中から民主主義を否定するファシズムが登場してくる過程を見事に解剖したところにあると思います。スペースが足りませんが、経済的自由主義が「危機」を境に自由を否定する社会に変質する危険性を鋭く指摘したポランニーの慧眼は、多くの思想史研究者を虜にしたといっても過言ではないでしょう。今日では、若森みどり氏をはじめ、思想家としてのポランニーを専門に研究する人た

ちも増えてきたので、読者には、まず、『大転換』を急がず精読することをすすめておきます。

参考訳

カール・ポランニー『大転換』野口建彦・栖原学訳、新訳（東洋経済新報社、2009 年）

第4章

シュンペーター

ヨゼフ・アロイス・シュンペーター（1883—1950）は、日本で
きわめて人気の高い経済学者なので、改めて紹介する必要はない
かもしれません[1]。ウィーン大学出身で、若くして学界デビュー
しましたが、母校の教授には結局なれずに、1930 年代にハー
ヴァード大学教授としてアメリカに移住し、亡くなるまでその地
で教鞭をとりました。

　1　シュンペーターの生涯については、拙著『シュンペーター』（講
　　談社学術文庫、2006 年）を参照のこと。

　私は、シュンペーターの最高傑作は『経済発展の理論』（初版
1912 年、第 2 版 1926 年）だと思っていますが、今回取り上げるの
はその本ではなく、晩年に書かれた『資本主義・社会主義・民
主主義』（初版 1942 年、第 3 版 1950 年）です[2]。後者はシュンペー
ターの資本主義衰退論が展開された専門書というよりは啓蒙書で
すが、もっと高く評価する研究者もおりました。その点は評価が
分かれますが、原著がドイツ語ではなく英語で書かれている点で、
本書で取り上げるにはふさわしいように思いました。

　2　シュンペーターのテキストは、以下を用います。 Joseph Alois
　　Schumpeter, *Capitalism, Socialism and Democracy*, third edition, 1950,
　　reprinted with a new introduction by Richard Swedberg, Routledge,
　　2003.

1940年代前半は、ハイエクの『隷属への道』に代表されるように、「資本主義対社会主義」という体制比較論が知識人の関心を集めていた時期でした。ハイエクの見解は、すでに見たように、政府干渉の拡大はたとえ部分的に始まったとしても、いずれは全体主義につながっていくという悲観的なものでした。

　では、シュンペーターがどう考えていたかというと、彼の見解は「資本主義の成功がその衰退をもたらし、社会主義を招来する」という一文にまとめられてきました。しかし、こう簡単にまとめてしまうと、誤解を招く可能性が高いと思います。

　「資本主義の成功」というのは、シュンペーター経済学の要である企業家によるイノベーションの遂行によって経済が発展してきたことを指しているでしょう。シュンペーターは、企業家のイノベーションこそ資本主義の本質と考えていたので、その成功によって経済発展が実現し、経済的な豊かさを享受できるようになったのは喜ばしいことではないのでしょうか。もちろん、シュンペーターも、その事実を決して否定しないどころか、1930年代の大恐慌の最中でもイノベーションの可能性は枯渇していないと経済停滞論を一蹴したほどでした。

　しかし、シュンペーターの資本主義衰退論を読むときは、彼が純粋に「経済的」な要因ばかりでなく、「非経済的」要因をも射程に入れた経済社会学の領域に入っていることを押さえておきましょう。しかも、のちに触れるように、彼は決して10年や20年先の「予言」をしているつもりはなく、現在観察されるような傾向がきわめて「長期」にわたって続いた場合、どんな変化が起

こりうるか、それを冷静に分析しているのだとことわっています。資本主義の成功がその衰退をもたらすという彼の「結論」部分だけに注目すると、ベルリンの壁の崩壊のように、社会主義が破綻したことを目の当たりにした人たちによって、「シュンペーターの"予言"は間違っていた」と簡単に片づけられる恐れさえあります。

　シュンペーターは、自分が提示しようとしている資本主義衰退論が、「予言」の類ではないことに注意を喚起することから、『資本主義・社会主義・民主主義』第2部「資本主義は生き延びることができるか」の筆を起こしています。

Can capitalism survive? No. I do not think it can. But this opinion of mine, like that of every other economist who has pronounced upon the subject, is in itself completely uninteresting. What counts in any attempt at social prognosis is not the Yes or No that sums up the facts and arguments which lead up to it but those facts and arguments themselves. They contain all that is scientific in the final result. Everything else is not science but prophecy. Analysis, whether economic or other, never yields more than a statement about the tendencies present in an observable pattern. And these never tell us what *will* happen to the pattern but only what *would* happen if they continued to act as they have been acting in the time interval covered by our observation and if no other factors intruded. "Inevitability" or "necessity" can never mean more than this. (p.61)

「資本主義は生き延びることができるだろうか。いや。生き延びられないと思う。しかし、このような私の見解は、この問題について発言した他のすべての経済学者のそれと同じように、それ自体は全くつまらぬものである。どんな社会的予見の試みにおいても重要なのは、結論に導かれるまでの事実と論証を要約した「イエス」か「ノー」ではなく、そのような事実と論証そのものなのである。それらに含まれるすべては、究極的に科学的なものである。それ以外のすべては、科学ではなく予言である。分析は、経済的なものであれそれ以外のものであれ、観察可能なパターンに現れる傾向についての言明以上のものを決して生み出さない。しかも、これらの傾向は、そのパターンに何が起こるのかを決して教えてくれず、ただ、それらが私たちの観察に含まれる期間に作用していたのと同じように作用し続け、それ以外の要因がその作用を妨害しなかったならば、何が起こるだろうかを教えるのみである。「不可避性」や「必然性」という言葉も、決してこれ以上を意味するものではあり得ない。」

シュンペーターにしては、やさしいくらいの英文です。とくに間違えそうな構文もありません。個々の訳し方はいろいろ見解が分かれるでしょうが、英文法通りに訳しても、誤解を与える恐れはないので、それでもよいと思います。

シュンペーターは、論証を始める前にすでに結論を述べてし

まっているのですが、これは、資本主義の本質を企業家のイノベーションの遂行に見出し、そのダイナミズムをあれほど高く評価した自分が、「資本主義は衰退していく」と述べたときの予想以上の反発（?）や異議申し立て（?）を見越していたからではないでしょうか。

One more point before we start. The thesis I shall endeavor to establish is that the actual and prospective performance of the capitalist system is such as to negative the idea of its breaking down under the weight of economic failure, but that its very success undermines the social institutions which protect it, and "inevitably" creates conditions in which it will not be able to live and which strongly point to socialism as the heir apparent. My final conclusion therefore does not differ, however much my argument may, from that of most socialist writers and in particular from that of all Marxists. But in order to accept it one does not need to be a socialist. Prognosis does not imply anything about the desirability of the course of events that one predicts. If a doctor predicts that his patient will die presently, this does not mean that he desires it. One may hate socialism or at least look upon it with cool criticism, and yet foresee its advent. Many conservatives did and do. (pp.61-62)

　「議論を始める前に、もう一点、注意を喚起したい。私が立証しようと努力する論旨は、次のようなものである。すなわ

ち、資本主義体制の現実および将来の成果は、資本主義が経済的な失敗の重みに押しつぶされて崩壊するという考え方を否定するほどのものだが、資本主義がまさに成功したということが、それを擁護している社会制度を掘り崩し、そのようにして「不可避的に」創り出された状況では、資本主義はもはや生き延びることができず、それゆえ、その明白な後継者として社会主義を強力に志向するということである。したがって、私の最終的結論は、私の議論の仕方がどれほど異なっていようとも、大部分の社会主義的著述家や、とくにすべてのマルクス主義者のそれと異なってはいないのである。しかし、この結論を受け容れるには、社会主義者になる必要は全くない。予見をすることは、予測した出来事の道筋が望ましいかについて何も意味してはいない。もしある医者が自分の患者はまもなく亡くなるだろうと予測したとしても、これはその医者がそれを望んでいることを意味しない。社会主義を嫌悪するか、少なくとも冷静な批判精神でそれを眺めながら、それでもその到来を予見することもできよう。多くの保守主義者はそうしてきたし、いまもそうしている。」

シュンペーターらしい逆説的な表現ですが、この英文もそれほど難解ではありません。ときに語順を重視して訳してあります。

One may hate...... のような one をわざわざ「人は……」というように訳す必要はありません。しかし、昔の著名な知識人の文章（翻訳とは限らない）のなかに時々このような表現が出てくることがあります。おそらく意識せずに翻訳調の文章を書くようになっ

68

たのでしょうが、現代では、やや時代錯誤のような印象を与えます。

　前置きが長くなりましたが、シュンペーターは、資本主義が長期的に衰退していく要因について語る前に、資本主義がいかに「創造的破壊」の過程を潜り抜けてきたか、もっと平たくいえば、資本主義がいかに逞しい経済制度であったかを印象的に描写します。それは、マルクスとエンゲルスが『共産党宣言』（1848年）のなかで資本主義が達成した莫大な生産力を描写しているのに似ています。有名な英文を読んでみましょう。

Capitalism, then, is by nature a form or method of economic change and not only never is but never can be stationary. And this evolutionary character of the capitalist process is not merely due to the fact that economic life goes on in a social and natural environment which changes and by its change alters the data of economic action: this fact is important and these changes (wars, revolutions and so on) often condition industrial change, but they are not its prime movers. Nor is this evolutionary character due to a quasi-automatic increase in population and capital or to the vagaries of monetary systems of which exactly the same thing holds true. The fundamental impulse that sets and keeps the capitalist engine in motion comes from the new consumers' goods, the new methods of production or transportation, the new markets, the new forms of industrial organization that capitalist enterprise creates.（pp.82-83）

「それゆえ、資本主義は、本来、経済変化の形態または方法であり、決して静態的ではないばかりか、決して静態的ではありえないのである。しかも、資本主義過程のこのような進化的性格は、単に経済生活が社会的・自然的環境のなかで進み続け、それが変化することによって経済行為の与件が変化するという事実に起因しているのではない。なるほど、この事実も重要であり、これらの変化（戦争、革命、その他）はしばしば産業変化を条件づけるが、それらはその変化の根本的動因ではない。さらに、この進化的性格は、人口や資本の準同時的な増大や、金融制度の予測し難い変化に起因するのでもない。その点については、先に触れたことと全く同じことが当てはまる。その根本的衝動とは、資本主義のエンジンを起動させ、それを維持するものだが、それは、新しい消費財、新しい生産または輸送方法、新しい販路、新しい産業組織の形態から生じる。そして、それらを創造するのが、まさに資本主義的企業なのである。」

最後の The fundamental impulse 以下の英文だけ、語順を重視した訳文にしてみました。「その根本的衝動」が何であるかは語順通りに訳したほうが明確になりますし、comes from 以下は、シュンペーターの有名なイノベーションの中身なので、これも前から後ろへという訳のほうがよいと思います。

もう一つ、有名な「創造的破壊」という言葉が出てくるので、

ついでに読んでみましょう。

> The opening up of new markets, foreign or domestic, and the organizational development from the craft shop and factory to such concerns as U.S. Steel illustrate the same process of industrial mutation — if I may use that biological term — that incessantly revolutionizes the economic structure *from within*, incessantly destroying the old one, incessantly creating a new one. This process of Creative Destruction is the essential fact about capitalism. (p.83)

「内外の新しい販路の開拓、手工業の店舗やＵ・Ｓ・スティールのような事業体に至るまでの組織上の発展は、産業上の突然変異——もしそのような生物学的用語を使うことができるならば——の同じ過程を例証する。それは、絶えず内部から経済構造を変革し、絶えず古いものを破壊し、絶えず新しいものを創造するのである。この創造的破壊こそが、資本主義についての本質的事実である。」

シュンペーターは、市場構造が完全競争を離れて独占や寡占などが広く行き渡った資本主義（彼はよく「トラスト化された資本主義」という言葉を使いました）になれば、価格メカニズムが機能しにくくなるとか、1930 年代の世界的大恐慌を背景に生まれた「投資機会の消滅」論（アルヴィン・Ｈ・ハンセンの「長期停滞論」に代表される）などを一笑に付し、資本主義の長い歴史全体を見渡

せば、市場構造が多少独占的・寡占的になろうが、一時的に経済が大きく落ち込もうが、経済体系がそれを乗り越えて進んでこられた根本的要因は企業家のイノベーションであり、それがまもなく消滅することなどあり得ないと反論しました。

　ところが、シュンペーターは、かつてはイノベーションによって資本主義の黄金時代を築き上げた企業家機能が「トラスト化された資本主義」の下で次第に変容していくことに注目します。「競争的資本主義」の時代は、企業家とは基本的に「個人」であり、彼の英雄的な企業家機能の発揮こそが資本主義を輝かしく彩りました。しかし、「トラスト化された資本主義」になると、イノベーションの担い手が大企業のなかの専門家集団へと移行していきます。その過程が続くとどういう変化が起こるのか、シュンペーターは次のように論じています。

　　This social function is already losing importance and is bound to lose it at an accelerating rate in the future even if the economic process itself of which entrepreneurship was the prime mover went on unabated. For, on the one hand, it is much easier now than it has been in the past to do things that lie outside familiar routine — innovation itself is being reduced to routine. Technological progress is increasingly becoming the business of teams of trained specialists who turn out what is required and make it work in predictable ways. The romance of earlier commercial adventure is rapidly wearing away, because so many more things can be strictly calculated that had of old to be visualized in a flash of genius.

On the other hand, personality and will power must count for less in environments which have become accustomed to economic change — best instanced by an incessant stream of new consumers' and producers' goods — and which, instead of resisting, accept it as a matter of course. The resistance which comes from interests threatened by an innovation in the productive process is not likely to die out as long as the capitalist order persists. It is, for instance, the great obstacle on the road toward mass production of cheap housing which presupposes radical mechanization and wholesale elimination of inefficient methods of work on the plot. But every other kind of resistance — the resistance, in particular, of consumers and producers to a new kind of thing because it is new — has well-nigh vanished already.

Thus, economic progress tends to become depersonalized and automatized. Bureau and committee work tends to replace individual action. (pp.132-133)

「その社会的機能はすでに重要性を失いつつあり、将来、それを加速的なスピードで失わざるを得ない。たとえ、企業家精神が主な機動力となっている経済過程そのものが衰えることなく進行したとしても、そうである。なぜなら、一つには、現在、お馴染みの日常的業務の範囲外にあることをおこなう

のは、過去にそうだったよりもはるかに容易になっているからである——イノベーションそのものが日常的業務になりつつあるのだ。技術進歩はますます訓練された専門家チームの仕事になりつつあり、彼らが必要とされるものを創り出し、それが予測される方向に機能することを可能にするのである。資本主義初期の商業的冒険というロマンスは、急速に廃れつつある。なぜなら、昔なら天才のひらめきのなかで思い描かれたはずのものが、いまではますます多く正確に計算できるようになったからである。

　もう一つには、個性や意志力は、経済変化——その最良の例が新しい消費財と生産財の絶え間のない流れである——に慣れてしまい、それに抵抗する代わりに、それを当然のこととして受け容れるような環境では、その重要性が減じるに違いないからだ。生産過程の革新によって脅かされた利害関係者に由来する抵抗は、資本主義的秩序が持続する限り死滅しそうにはない。それは、例えば、低廉住宅の大量供給への道を阻む大きな障害である。というのは、それは、現場での徹底的な機械化と非効率的な作業方法の全面的な排除を前提にしているからである。しかし、その他の種類の抵抗はすべて——とくに、新しいがゆえに消費者や生産者が新しい種類のものに対して抵抗すること——は、ほとんどすでに消滅してしまった。

　かくして、経済進歩は、没個性的かつ自動化されたものになる傾向がある。官庁や委員会の仕事が、個人の行動に取って代わる傾向があるのである。」

Technological progress is increasing...... 以下の英文は、前から後ろへ訳す原則に沿って訳しました。その他は、英文法通りでもそれほど誤解は与えないと思いますが、It is, for instance, the great obstacle...... 以下は、後に出てくる which を先に訳すと、It が何であるかが離れてしまうので、少し工夫し、原則を活かすことにしました。

　「企業家機能の無用化」は、シュンペーターの資本主義衰退論の肝に当たるもので、あとの要因はそれを補強するものと考えてもよいと思います。シュンペーターは、第一次世界大戦前に執筆された『経済発展の理論』では、「競争的資本主義」時代の企業家精神をあれほど謳い上げたのですが、皮肉なことに、第二次世界大戦中に執筆された『資本主義・社会主義・民主主義』では、「トラスト化された資本主義」における企業家機能の形骸化が長期にわたって続けば、資本主義は衰退していくと推論せざるを得ないという立場をとるようになったのでした。

　企業家機能の無用化以外は、それを補強するものだと言いましたが、具体的には、次の三つです。一つ目は、資本主義が「合理性」（シュンペーターは「元帳と原価計算」をよく挙げました）を武器に封建主義的な制度を掘り崩していったとき、ブルジョアジーを実は政治的に庇護してくれていた旧支配階級（王侯や貴族など）をも一緒に葬り去ったので、ブルジョアジーの政治的基盤がかえって弱まったこと。二つ目は、資本主義に敵対的な知識人階級が台頭してきたこと。三つ目は、資本主義的「合理化」の進展が、資

本主義的な価値の図式（例えば、「不平等と家族財産」の文明）を崩壊させること。

　シュンペーターは、『資本主義・社会主義・民主主義』のなかで、それぞれの要因を詳しく論じていますが、関心があれば、直接原典をひもといて下さい。私たちがいま関心があるのは、彼が資本主義衰退論の「結論」をどのような英文で表現しているかです。

Thus the same economic process that undermines the position of the bourgeoisie by decreasing the importance of the functions of entrepreneurs and capitalists, by breaking up protective strata and institutions, by creating an atmosphere of hostility, also decomposes the motor forces of capitalism from within. Nothing else shows so well that the capitalist order not only rests on props made of extra-capitalist material but also derives its energy from extra-capitalist patterns of behavior which at the same time it is bound to destroy.

　「かくして、企業家や資本家の役割の重要性を減じ、擁護階層や制度を破壊し、敵対の雰囲気を創り出すことによってブルジョアジーの地位を掘り崩す同じ経済過程が、さらに、内部から資本主義の原動力を解体させる。資本主義の秩序は資本主義を超越した素材でつくられた支柱に基礎を置いているのみならず、資本主義を超越した行動パターンからそのエネルギーを引き出しておきながら、同時にそれをも破壊せざる

を得ないということを、これほど見事に示しているものは他にないのである。」

英文はやや長めですが、内容はこれまで見てきたことのまとめのような文章です。とくに、難解な構文はありません。Nothing else..... で始まる英文も、that 以下を前から後ろへ訳していったほうがすんなりと読めるでしょう。

さらに、もうひとつ読んでみます。

The capitalist process not only destroys its own institutional framework but it also creates the conditions for another. Destruction may not be the right word after all. Perhaps I should have spoken of transformation. The outcome of the process is not simply a void that could be filled by whatever might happen to turn up; things and souls are transformed in such a way as to become increasingly amenable to the socialist form of life. With every peg from under the capitalist structure vanishes an impossibility of the socialist plan. In both these respects Marx's *vision* was right. We can also agree with him in linking the particular social transformation that goes on under our eyes with an economic process as its prime mover. What our analysis, if correct, disproves is after all of secondary importance, however essential the role may be which it plays in the socialist credo. In the end there is not so much difference as one might think between saying that the decay of capitalism is due to its success and saying that it is due to its failure.

「資本主義の過程は、それ自身の制度的枠組みを破壊するのみならず、もう一つの枠組みのための条件をも創り出す。結局、破壊というのは正確な言葉ではないかもしれない。たぶん私は転換という言葉を用いるべきだった。その過程の結果は、単に、どんなものでも偶然現れるかもしれないものによって満たされるような真空ではなく、事物と精神が、社会主義的生活様式にますますなじみやすくなるように転換されていくのだ。資本主義の構造を支える土台がすべて崩壊するとともに、社会主義的計画の不可能性も消滅する。この二つの点において、マルクスのヴィジョンは正しかった。私たちはさらに彼に同意して、目前に進行している特定の社会的転換と、その原動力としての経済的過程を結びつけることもできよう。もし正しければ、私たちの分析が論駁したものは、結局、第二次的な重要性しかもたないのである。たとえそれが社会主義の心情においてどれほど不可欠な役割を演じようと、そのことは変わらない。結局、資本主義の衰退はその成功に起因するというのと、その失敗に起因するというのとは、想像されるほど大した違いはないのである。」

『資本主義・社会主義・民主主義』の英文は、シュンペーターが学術論文に書いた英文ほど難解ではないように思えますが、それでも、ネイティブならあまり書かないような表現（多少持って

回ったようなものや、ちょっとその真意をくみとるのに考えなければならないようなものなど）があるのも確かです。これはシュンペーターの英文をたくさん読んでいくうちにわかってくるものですが、いきなり読まされたら、多少はまごつくかもしれません。

　英文を正確に読むには、やはり量をこなさなければならないゆえんです。

参考訳

『資本主義・社会主義・民主主義』上・中・下、中山伊知郎・東畑精一訳（東洋経済新報社、1962 年）

第 5 章

サムエルソン

ポール・A・サムエルソン（1915−2009）は、第二次世界大戦後、長いあいだ、現代経済学の巨星のなかでも最も光り輝いていた天才でしたが、没後 10 年経過した現在、経済学を学ぶ若い学生たちは彼の経済学史上の位置づけがよくわからなくなっているように思えます。

　なるほど、いまでは、彼の教え子だったジョセフ・E・スティグリッツやポール・クルーグマンの教科書などがよく読まれている時代なので、かつて世界的なベストセラーだったサムエルソンの教科書『経済学——入門的分析』（初版は 1948 年）を実際に読んで知っている人口は確実に減ってきました。しかし、少なくとも戦後から 1980 年頃までは、サムエルソンの『経済学』こそが「教科書」(the textbook) であり、ほとんどすべての経済学徒がその本を読むことによって経済学に入門したという事実は変わりません。

　サムエルソンの『経済学』は、3 〜 5 年の間隔で改定されたので、どの版を読んだかによってその人の世代が予想がつくほどですが、本書では、初版を集中的に取り上げ、その他は付随的に言及するのみにしたいと思います（彼の全体像については、拙著『サムエルソン——『経済学』と新古典派総合』中公文庫、2018 年を参照）[1]。

1 Paul A. Samuelson, *Economics : An Introductory Analysis,* McGraw-Hill Book Company, 1948. サムエルソンの日本語版が都留重人訳で公刊（岩波書店）されるようになるのは、第 6 版（1964 年）以降です。

　サムエルソンは、シカゴ大学を経てハーヴァード大学大学院に進学しましたが、すでにシカゴの学部生の頃から「神童」として知られていました。ハーヴァードでは、世界的に有名なシュンペーターを師として学びましたが、師とは違って、きわめて数理的才能に恵まれていたサムエルソンは、新古典派経済学の理論構造を数理的に見事に再構成し直した研究によって博士号を取得しました（それが、1947 年に刊行された『経済分析の基礎』です）。

　しかし、大学院生だった 1930 年代は、世界的な大恐慌の時代でもあり、それを背景に登場したケインズの『雇用・利子および貨幣の一般理論』（1936 年）が経済学界に大きな衝撃を与えました。この「ケインズ革命」の最中、サムエルソンは、ハーヴァードで最も早い時期からケインズの「マクロ経済学」を熱狂的に受け入れた一人になりました。

　ケインズの『一般理論』以前の新古典派は、いまでは、「ミクロ経済学」と呼ばれる分野に関心を集中していましたが（もちろん、ケインズ以前にもマクロの経済問題に関心をもった経済学者はたくさんいますが、ケインズの意味での国民所得決定理論は『一般理論』において初めて提示されました）、ケインズは、自由放任主義のもとで深刻な不況が訪れ、市場メカニズムが機能不全に陥ったとき、「有効需要の原理」を柱とするマクロ経済学が不可欠になることを論証しました。

サムエルソンは、ケインズのマクロ経済学を受け容れる「ケインジアン」になりましたが、他方で、市場メカニズムを基本的に信頼したミクロ経済学がそれによって無価値になるとは考えませんでした。『経済学』の初版を公刊した時点では、明確には表明されていないのですが（しかし、行間を読めば書かれているとも言えます）、サムエルソンは、のちに、両者を「新古典派総合」という形で「平和共存」させます。

　つまり、ケインズのマクロ経済学の教えに従って政府が有効需要を管理し、できるだけ完全雇用に近い状態にもっていけば、そのとき再び市場メカニズムを信頼したミクロ経済学が有効性を取り戻す、というのです。このような思考法は、実は、『一般理論』のなかにも示唆されていましたが、それを新古典派総合の名称で全世界に普及させたのはサムエルソンの功績です。

　前置きが長くなりましたが、ここから、サムエルソンの英文を読んでいきましょう。次の英文は、ケインズ経済学の初歩的な解説（45度線や投資・貯蓄による所得決定モデル）を提示する章に出てきます。

　This chapter provides an introduction to what is called the "modern theory of income analysis." The principal stress is upon the *level of total spending as determined by the interplay of the forces of saving and investment.*

　Although much of this analysis is due to an English economist, John Maynard Keynes (later made Lord Keynes, Baron of

Tilton, before his death in 1946), today its broad fundamentals are increasingly accepted by economists of all schools of thought, including, it is important to notice, many writers who do not share Keynes' particular policy viewpoints and who differ on technical details of analysis. (p.253)

「この章は、いわゆる〝所得分析の現代理論〟への導入を提供するものである。その分析が主に強調しているのは、総支出の水準であり、それは貯蓄と投資の力の相互作用によって決定される。

　この分析の多くは、イギリスの経済学者、ジョン・メイナード・ケインズ（のちに、1946 年に死去する前に、ティルトンのケインズ卿となった）に負っているけれども、今日では、その広範な原理は、あらゆる学派に属する経済学者たちによってますます受け容れられつつある。しかも、留意すべきは、ケインズの特定の政策の観点を共有せず、分析の専門的な詳細について意見を異にする多くの著述家も、そのなかに含まれるようになったことである。」

the level of total spending as determined by the interplay of the forces of saving and investment. に出てくる as は、前作『英語原典で読む経済学史』でも触れましたが、ほとんど which is と同じ意味です。上もそのように訳してあります。

1948 年の時点では、1936 年に公刊された『一般理論』は、ま

さに「現代理論」（modern theory は、「近代理論」というよりは「現代理論」と訳したほうがよいと思います）ですが、ケインズが予見したように、『一般理論』は 10 年後の経済学者の思考法を全く塗り替えた革命的な著作でした。若き日のサムエルソンも、ケインズから大きな影響を受けた一人でした。

『経済学』の初版では、ケインズ理論は基本的に 45 度線モデルに沿って解説されており、まだ IS/LM 分析は登場していません。しかし、45 度線モデルが頭に入っていれば、いわゆる「節約のパラドックス」を理解することは十分に可能です。その部分を読んでみましょう。

Under conditions of unemployment, the *attempt to save* may result in *less*, not more, saving. The individual who saves cuts down on his consumption. He passes on less purchasing power than before. Therefore, someone else's income is reduced. For one man's outgo is another man's income. If one individual succeeds in saving more, it is because someone else is forced to dissave. If one individual succeeds in hoarding more money, someone else must do without. If all individuals try to hoard, they cannot all succeed in doing so, but they can force down the velocity of circulation of money — and national income. (p.271)

「失業の状況下では、貯蓄しようとする試みは、より多くではなく、より少ない貯蓄をもたらす結果になるかもしれない。

貯蓄する個人は、消費を切り詰める。彼は、以前よりも、より少ない購買力を手渡すのである。したがって、誰か他の人の所得が減ることになる。なぜなら、ある人の支出は、別の人の所得だからだ。もしある個人がより多く貯蓄することに成功するとすれば、それは誰かほかの人が貯蓄を減らすことを強いられているからである。もしある個人がより多くの貨幣を保蔵することに成功するとすれば、誰かほかの人が貨幣の保蔵なしで済ませているはずだ。もしすべての個人が保蔵しようと試みたとしても、全員が保蔵に成功することはできず、ただ貨幣の流通速度を引き下げることによって、国民所得を減少させることになるのだ。」

では、ミクロ経済学はどうかと言えば、サムエルソンは、数式を一切使わず、一般均衡理論の考え方をやさしく説いています。本来、ワルラスに始まる一般均衡理論はきわめて数理的なモデルを駆使するものですが、数理的才能にかけては誰にも負けなかったサムエルソンが、数学の使用を控えてそれを教えるのは難しかったのではないでしょうか。言葉で十数行あるいは1ページほど費やさねばならないことを、数式一つ書くだけで済むのですから。

サムエルソンより前の時代の経済学教科書といえば、マーシャルの『経済学原理』（初版は1890年、1920年の第8版まで版を重ねました）が有名ですが、マーシャルの需給均衡理論は「部分」均衡理論（特定の財の市場を取り上げて、「他の事情にして変わらなければ」という条件の下で需要と供給の均衡を考える）で、一般均衡理論

ではありませんでした。サムエルソンは、第二次世界大戦後、初歩的な解説ではあるものの、『経済学』を通じて全世界に一般均衡理論の考え方を普及させたといってもよいと思います。

次の英文を読んでみましょう。

Prices keep moving as a result of our readjustments of behavior. If outside factors such as inventions, wars, or tastes were to remain constant long enough, then we might finally approach the "general equilibrium set of prices," at which all the forces of supply and demand, value and costs, might just be in balance, without any tendency to further change. Of course, in the real world, outside factors never stand still, so that as fast as equilibrium tends to be attained it is disturbed. Still, there is always a tendency — at least in a "perfect" competitive system — for the equilibrium to reestablish itself, or at least to chase after its true position.〔pp.593-594〕

「諸価格は私たちの行動の再調整の結果として動き続ける。もし発明や戦争や嗜好のような外部の要因が十分に長いあいだ一定にとどまるなら、そのとき、私たちは最終的に一組の"一般均衡価格"に近づくだろう。その価格では、すべての需要と供給の諸力、価値と費用は、ちょうど釣り合っており、さらに変化しようという傾向をもたないだろう。もちろん、現実世界では、外部の要因は決して静止したままではないので、均衡が達成される傾向がみられるとすぐに、それは

妨害されてしまう。それでも、つねに均衡が再び確立される傾向――少なくとも、"完全"競争の体系においては――があり、あるいは、少なくともその真の位置を追いかける傾向があるのである。」

サムエルソンの『経済学』は、入門書の体裁はとっていますが、初版の最後のところで、分析的観点からの資本主義対社会主義の比較体制論というややレベルの高い問題に少しだけ触れています。

From the standpoint of welfare economics, it is seen that our own capitalistic system may depart from a social optimum in three main ways: through improper distribution of income, through monopoly, and through fluctuations in unemployment. It is the present writer's belief as exemplified throughout the book, that all these evils can be ameliorated by appropriate policies, within the framework of the capitalist system.

It is too easy to compare the obvious imperfection of our known system with the ideal perfections of an unknown planned order. And it is only too easy to gloss over the tremendous dynamic vitality of our mixed free-enterprise system, which, with all its faults, has given the world a century of progress such as an actual socialized order might find it impossible to equal. (p.694)

「厚生経済学の観点から判明したのは、私たち自身の資本主

義体制は、三つの主要な点で社会的最適から乖離するかもしれないということである。すなわち、第一に不適切な所得分配、第二に独占、そして第三に失業の変動を通じて、それが起こりうる。筆者の信念は、本書全体を通じて例証されているように、次のようなものである。すなわち、これらの害悪はすべて、資本主義体制の枠組み内において、適切な政策によって改善しうると。

私たちの既知の体制の明白な欠陥を、未知の計画された秩序の完璧な理想と比較するのはあまりにも安易である。同時に、私たちの混合自由企業体制が途方もなくダイナミックな活力をもっていることをごまかすのも、ただただ安易である。というのは、混合自由企業体制は、あれだけ欠陥があっても、例えば現実の社会化された秩序がそれに比肩しうるものを見つけるのが不可能なほど、世界に進歩の世紀をもたらしてくれたからである。」

サムエルソンは、実に慎重な筆の運びをしているように思います。「混合自由企業体制」とは、のちに「混合経済」(mixed economy) という言葉で知られるようになったものと同じです。その意味は、生産手段の私有を認める点で「資本主義」には間違いないものの、政府が必要とされる分野で適切な公的管理をおこなっている体制のことを指しています。第二次世界大戦後のアメリカや西側のヨーロッパ、そして日本も、この意味では、混合経済でした（現在でも基本的にはそうです）。

「社会化された秩序」とは、明らかに、社会主義体制を指して

います。私たちが読んだ頃のサムエルソンの『経済学』では、ふつうに「社会主義」という言葉が使ってありましたが、なぜ初版ではその言葉を避けたのかは、よくわかりません。推測の域を出ませんが、当時はケインズ経済学でさえ頑固な保守主義者には「危険思想」と見なされていたので、あからさまに社会主義とは言いにくい事情があったのかもしれません。

　ただし、内容を読めば、サムエルソンが決して社会主義に与せず、資本主義の長所を生かしながら、その短所を政府の適切な政策によって改善していくという道を選択しているのがわかるでしょう。そのような「中庸」の道は、前作『英語原典で読む経済学史』の読者なら、ミル→マーシャル→ケインズ→サムエルソン、というように、経済学のまさに正統的立場であったことを思い出してくれるでしょう。

　『経済学』の初版を出して以後のサムエルソンの活躍については、多くを語る必要はないでしょう。前に触れた新古典派総合という言葉が登場するのは、第3版（1955年）からですが、のちには、その言葉を削除し、「主流派経済学」（mainstream economics）という言葉を用いるようになりました。しかし、削除されてからも、新古典派経済学とケインズ経済学を平和共存させるという発想そのものが消えているわけではありません。

　サムエルソンが新古典派総合という言葉を使わなくなった理由としては、左右両派からの批判が次第に強くなってきたのを考慮したからでしょう。左は、ケインズの愛弟子で、みずから「左派ケインジアン」を名乗ったジョーン・ロビンソン（1903−83）の批判であり、右は、自由市場の役割を最大限に評価し、ケインズ

主義を含む政府による経済管理を嫌ったミルトン・フリードマン（1912−2006）の批判に代表されます。

　ジョーン・ロビンソンは、1930年代の世界的大恐慌からケインズ経済学が誕生したことを正当に評価している点では、サムエルソンと変わりません。しかし、彼女によれば、ケインズは、「雇用の水準」が有効需要の原理によって決定されるモデルを提示したものの、それを決して超えようとはしませんでした。それゆえ、アメリカのケインジアンたちが「軍産複合体」を維持するための政府支出によって雇用の水準が確保されている状況を放置することにつながったというのです。

　彼女は、いまや、「雇用の内容」を問うべき時代が来たのであり、国民の福祉とは何の関係もない軍産複合体への政府支出によって雇用の水準を維持するようなアメリカのケインズ主義は葬り去られるべきだと主張しました[2]。

> 2　「経済学の第二の危機」と題する講演から。これは、1971年12月27日、アメリカ経済学会年次大会における招待講演でした。ときのアメリカ経済学会会長は、ジョン・ケネス・ガルブレイスです。詳しくは、拙著『定本　現代イギリス経済学の群像——正統から異端へ』（白水社、2019年）を参照。

　ジョーン・ロビンソンとは対照的に、フリードマンは、アメリカ資本主義を根本から支えている自由市場はいまでも健在であり、政府は有効需要の管理や反インフレのための所得政策などの「統制」をただちに撤廃し、中央銀行によるマネー・サプライ（貨幣供給量）のコントロールを通じてインフレを回避することだけに専念すべきだと主張しました。

フリードマンの経済哲学は、サムエルソンの新古典派総合が健在のときは、彼が長年教授をつとめたシカゴ大学周辺にしか影響を及ぼしませんでしたが、新古典派総合の権威に陰りが見え始めた頃から支持者を増やし、全米そして世界へと広がっていきました。

　フリードマンの日本への影響も、ある時期までは、ごく一部に限定されていましたが、テレビ番組を本にまとめたローズ夫人との共著『選択の自由』（1980 年）の日本語版がベストセラーになり、一気に支持者を拡大しました。ちょうどその頃、英米のサッチャー＝レーガン政権が、フリードマンの経済哲学に近い新自由主義的な経済政策を推進していたので、フリードマンの影響力も絶頂に達した感がありました[3]。

3　もちろん、新自由主義には光と影があり、極端に推進されると「影」の部分が拡大していくことは想像に難くありませんが、詳しくは、拙著『市場主義のたそがれ――新自由主義の光と影』（中公新書、2009 年）を参照。

　かくして、サムエルソンの新古典派総合は、1980 年代にはほとんど瓦解し、学界では、シカゴ大学のロバート・ルーカス教授を嚆矢とする「マクロ経済学のミクロ的基礎」についての研究が主流になり、ミクロ経済学でもゲーム理論を使った「制度」や「情報」などの経済分析が隆盛を極めるようになりました。

　それにもかかわらず、私は、現代経済学史におけるサムエルソンの貢献をもっと高く評価すべきだと思っています。新古典派総

合に「折衷的」要素があり、理論的な欠陥があったのは確かで
しょう。しかし、彼は、マーシャルやケインズと同じように、経
済問題の解決は「効率」と「公平」のあいだの微妙なバランスを
いかにとるかにかかっていることを、当代の誰よりもよく知って
いました。

　効率一辺倒のフリードマン流の経済哲学と、公平はあっても自
由企業の活力を損なうような社会主義を退けるなら、残されたも
のはほとんど選択の余地がないとも言えます。彼の数理的才能を
もってすれば、マクロ経済学のミクロ的基礎や、リアル・ビジネ
ス・サイクルの理論などは容易にモデル化できたでしょう。しか
し、その道は、経済学者が忘れてはならない「効率と公平のバラ
ンス」の感覚を麻痺させると考えたに違いありません。若い理論
家たちの活躍には拍手を送りながらも、サムエルソンがあえてそ
の道に入らなかったゆえんです。

第 6 章

フリードマン

ミルトン・フリードマン（1912−2006）は、サムエルソンの好敵手でしたが、学界のみならず、世界中で読まれている雑誌『ニューズウィーク』に交替でコラムを書いていたので、一般の読書層にもよく知られていた名前だったと思います。ただし、第二次世界大戦後、長いあいだ、1948 年に初版が刊行されたサムエルソンの『経済学』が主流派の地位を占めていたので、フリードマンの影響力もシカゴ大学周辺にとどまっていました。

　ところが、ベトナム戦争の勃発以後、アメリカのジョンソン大統領が経済の舵取りに失敗し、インフレ問題が深刻になりつつあった頃から、「新しい貨幣数量説」（のちに「マネタリズム」と呼ばれるようになりましたが、要するに、インフレを抑えるには、中央銀行が貨幣供給量を実質経済成長率と歩調を合わせて増やしていくことだけに専念すればよいという考え方を指しています）を説くフリードマンの支持者が増えていき、1980 年代には、英米のサッチャー＝レーガン政権の下で隆盛を極めるようになりました。

　フリードマンは啓蒙活動にも力を入れたので、自由市場の役割を最大限に評価する彼の経済哲学を一般の読者にもわかりやすい形で提示した『資本主義と自由』（1962 年）やローズ夫人との共著『選択の自由』（1980 年）を著し、ベストセラーになりました。とくに、後者は、マルクス経済学の影響力にようやく陰りが見え

始めた日本でも、大変な評判になり、一気にフリードマンの名前を一般読者の間にも高めたと思います。

　しかし、『選択の自由』の内容のほとんどは、すでに『資本主義と自由』のなかで明確に提示されているので、以下では、その本から抜粋して読んでいきましょう[1]。

　1　テキストには以下を用います。
　　Milton Friedman, *Capitalism and Freedom*, 40th anniversary edition with a new preface by the author, with the assistance of Rose D. Friedman, The Univerity of Chicago Press, 2002.

　フリードマンは、アメリカ合衆国憲法に定められている二つの主要な原理を再確認することから、自由社会を守るための議論を出発させています。

　First, the scope of government must be limited. Its major function must be to protect our freedom both from the enemies outside our gates and from our fellow-citizens: to preserve law and order, to enforce private contracts, to foster competitive markets. Beyond this major function, government may enable us at times to accomplish jointly what we would find it more difficult or expensive to accomplish severally. However, any such use of government is fraught with danger. We should not and cannot avoid using government in this way. But there should be a clear and large balance of advantages before we do. By relying primarily on voluntary co-operation and private enterprise, in both economic and other activities, we can insure that the private sector is a check on the powers of the governmental sector and an effective protection of freedom of speech, of religion, and of thought.

The second broad principle is that government power must be dispersed. If government is to exercise power, better in the county than in the state, better in the state than in Washington. If I do not like what my local community does, be it in sewage disposal, or zoning, or schools, I can move to another local community, and though few may take this step, the mere possibility acts as a check. If I do not like what my state does, I can move to another. If I do not like what Washington imposes, I have few alternatives in this world of jealous nations. (pp.2-3)

「第一に、政府の役割の範囲は制限されなければならない。政府の主要な役割は、私たちの自由を国外の敵や同国民から守ることであるべきである。すなわち、法と秩序を維持し、個人の契約を順守させ、競争的な市場を育成することである。この主要な役割を超えて、政府がときに私たちが単独でおこなうには困難を伴い、経費のかかることを共同で成し遂げるのを可能にしてくれることはあるだろう。しかしながら、そのたびに政府を利用することは、危険を伴うものである。私たちは、このように政府を利用することを避けるべきではないし、また避けることもできない。だが、そうする前に、利益のほうが明らかに大きいことを確認すべきである。経済活

動やその他の活動の両方において、主に自発的協力と民間企業に頼ることによって、私たちは、民間部門が政府部門の権力を抑制し、言論・宗教・思想の自由を効果的に守ることを保障できるのである。

　第二の主要な原理は、政府の権力は分散されなければならないということである。政府が権力を行使すべきだとしたら、ワシントンよりは州、州よりは郡で行使したほうがなおよい。下水処理にせよ区画整理にせよ学校にせよ、自分の地元の市町村が気に入らないのなら、私は他の地方の市町村に移転することができる。もっとも、このような方法をとる人は少数かもしれないけれども、移転できるという可能性があるだけでも、抑制機能が働く。自分の州のやっていることが気に入らないなら、私は別の州に移転することができる。だが、ワシントンが強制することが気に入らなければ、この油断のならない世界において、他に選択肢がほとんどなくなる。」

　英文自体は難しくありません。この場合は、できるだけ一語一語丁寧に訳しても、それほど堅苦しい訳にはならないと思います。自己の主張の根拠をアメリカ合衆国憲法のなかに求めたことによって、フリードマンは強固な基盤をもつことができました。彼の文章は、明快さを旨とし、決してどちらにもとれるような書き方をしないという特徴がありますが、その根拠は、煎じ詰めれば、いま触れた合衆国憲法の二つの原理にあるわけです。

　フリードマンは、合衆国憲法に明記された二つの基本原理に則った自分の思想を「自由主義」(liberalism) と呼んでいます。し

かし、アメリカでは、1930 年代のニューディール期に、リベラリズムという言葉の意味が変化したことに注意を促します。つまり、リベラリズムとは、自由放任主義の欠陥を認め、政府みずからが必要な部門に積極的に関与していく思想に変化したのです。例えば、若き日のガルブレイスは、ルーズヴェルト政権の物価統制官として活躍しましたが、自分が「リベラル」であることを生涯を通じて誇りにしていました。

　読者は、ハイエクも同じような不満を述べていたことを思い出すかもしれませんが、フリードマンを憤慨させたのは、かつてのリベラリズムが「保守主義」と呼ばれるようになったことでした。

> Because of the corruption of the term liberalism, the views that formerly went under that name are now often labeled conservatism. But this is not a satisfactory alternative. The nineteenth-century liberal was a radical, both in the etymological sense of going to the root of the matter, and in the political sense of favoring major changes in social institutions. So too must be his modern heir. We do not wish to conserve the state interventions that have interfered so greatly with our freedom, though, of course, we do wish to conserve those that have promoted it, Moreover, in practice, the term conservatism has come to cover so wide a range of views, and views so incompatible with one another, that we shall no doubt see the growth of hyphenated designations, such as libertarian-

conservative and aristocratic-conservative.

Partly because of my reluctance to surrender the term to proponents of measures that would destroy liberty, partly because I cannot find a better alternative, I shall resolve these difficulties by using the word liberalism in its original sense — as the doctrines pertaining to a free man. (p.6)

「自由主義という用語がこのように改悪されたので、以前、同じ名前で呼ばれていた見解がいまや保守主義というレッテルを貼られている。しかし、これは満足のいくような読み替えではない。19世紀の自由主義者は急進主義者であった。物事の根本を追究するという語源の意味においても、社会制度の大きな変革を推進するという政治的な意味においてもそうだった。自由主義を継承する現代の私たちもそうであるべきだ。私たちは、私たちの自由に大幅に干渉してきた国家による干渉を保持したいとは望まない。もちろん、私たちの自由を促進してきた干渉なら維持したいと望んでいるけれども。さらに、実際には、保守主義という用語があまりにも広い範囲の見解、しかもお互いに両立しえない見解を含むようになったので、きっと将来、「自由主義的保守主義」とか「貴族主義的保守主義」のような形容矛盾の名称が噴出していくだろう。

　私は、一つには、自由主義という用語を自由を破壊する手段の支持者たちに引き渡すには抵抗があるという理由、もう一つには、自由主義に代わるよりよい言葉が見つからないと

いう理由によって、自由主義という言葉を本来の意味、すなわち自由人にふさわしい学説として使うことによってもろもろの困難を解決していくことにしよう。」

Weという主語は必ずしも「私たちは」とか「われわれは」と訳す必要がないことは、前作『英語原典で読む経済学史』で何度か指摘しました。この意味で、参考訳は、「私たち」や「われわれ」を極力使わない名訳なので、ぜひ参照してほしいと思います。

ただ、私は、フリードマンが『資本主義と自由』という本を、ケネディ大統領の有名な就任講演のなかの一節の引用（"Ask not what your country can do for you - ask what you can do for your country."）から始めていることが頭をよぎったので、あえて「私たち」を使うことにしました。その英文は、you を「あなた方」や「あなたたち」と訳さなければ、アメリカ国民に語りかける感じが出てきません。We も「私たち」でなければ、大統領がアメリカ国民とともにこうしようという感じが伝わらないように思いました。しかし、これは訳し方の好みなので、唯一の正解ではないことをことわっておきます。

さて、フリードマンは、経済学界では、マネタリズムの提唱者として有名でしたが、その学説は、とくに 1960 年代後半以降は、マネー・サプライの増え過ぎがインフレを引き起こしているので、マネー・サプライが実質経済成長率と歩調を合わせて増大していくような金融政策を「ルール化」すべきだという文脈で使われました。

では、1930年代の大恐慌時はどうだったかといえば、フリードマンは、アンナ・シュワルツとの詳細な研究『合衆国の貨幣史1867-1960』（1963年）に基づいて、アメリカの中央銀行に相当する連邦準備制度理事会がマネー・サプライを安定的に供給せず、それが大幅に減少していく事態を放置したために深刻な不況に陥ったのだと主張しています。つまり、インフレのときとは逆のシナリオです。

　次の英文を読んでみましょう。

　All told, from July 1929 to March 1933, the money stock in the United States fell by one-third, and over two-thirds of the decline came after England's departure from the gold standard. Had the money stock been kept from declining, as it clearly could and should have been, the contraction would have been both shorter and far milder. It might still have been relatively severe by historical standards. But it is literally inconceivable that money income could have declined by over one-half and prices by over one-third in the course of four years if there had been no decline in the stock of money. I know of no severe depression in any country or any time that was not accompanied by a sharp decline in the stock of money and equally of no sharp decline in the stock of money that was not accompanied by a severe depression.

　The Great Depression in the United States, far from being a sign of the inherent instability of the private enterprise system, is a testament to how much harm can be done by mistakes on the part of a few men when they wield vast power over the monetary system of a country. (p.50)

「総計で、1929 年 7 月から 1933 年 3 月までの間に、合衆国の貨幣供給量は三分の一減少し、その減少のうち三分の二以上が、英国の金本位制離脱後に生じている。もし貨幣供給量の減少が避けられたならば（それは明らかに可能だったし、そうするべきだった）、景気の後退はより短くかつはるかに穏やかなものになっただろう。それでも、景気後退は、歴史的標準に比べれば相対的に深刻なものであったかもしれない。しかし、貨幣供給量の減少がなければ、貨幣所得が半分以上減ったり物価が四年間で三分の一以上も下落したりするようなことは、実際、ありえない事態だっただろう。私が知る限り、深刻な不況は、どこの国でも、あるいはどの時代でも、貨幣供給量の急激な減少を伴っていないものはない。同様に、貨幣供給量の急激な減少も、深刻な不況を伴っていないものはないのだ。

　合衆国における大恐慌は、民間企業体制が本来不安定であることを示す徴候であるどころか、一部の少数の人間が一国の貨幣制度にきわめて大きな権力を行使したとき、彼らの判断ミスによってどれほど多くの損害が生じうるかということの証拠なのである。」

ほとんど誤解を招かないほど明快な英文です。英文法通り訳し

ても、それほど変にはならないと思います。

　おそらく、I know of no severe depression...... のような英文の訳し方で迷うかもしれませんが、参考訳が「私の知る限り」という表現を使っているのは卓抜と思いましたので、上でも採り入れることにしました。

　やさしい英文ではありますが、経済用語は正確に訳さないといけないので、それに注意しましょう。

　フリードマンは、以上のように、自由企業体制が本質的に不安定であるという想定を退け、政府は余計な干渉をせず、ただ金融政策のルール化に踏み切ればよいというマネタリズムの政策提言に移っていきます。

The issue what rule to adopt is one that I have considered at some length elsewhere. Accordingly, I will limit myself here to stating my conclusion. In the present state of our knowledge, it seems to me desirable to state the rule in terms of the behavior of the stock of money. My choice at the moment would be a legislated rule instructing the monetary authority to achieve a specified rate of growth in the stock of money. For this purpose, I would define the stock of money as including currency outside commercial banks plus all deposits of commercial banks. I would specify that the Reserve System shall see to it that the total stock of money so defined rises month by month, and indeed, so far as possible, day by day, at an annual rate of X per

cent, where X is some number between 3 and 5. The precise
definition of money adopted, or the precise rate of growth
chosen, makes far less difference than the definite choice of a
particular definition and a particular rate of growth.（pp.53-54）

　「どのようなルールを採用すべきかという問題については、
別のところでかなり詳しく論じたので、ここでは、私の到達
した結論のみを述べることにしよう。私たちの知識の現状で
は、そのルールを貨幣供給量の動きによって述べるのが望ま
しいように思われる。いまのところ、私は、金融当局を特定
の貨幣供給量の伸び率を達成するように指示するルールを法
律で定めることを選択しよう。この目的のために、貨幣供給
量を商業銀行の外部にある現金通貨プラス商業銀行のすべて
の預金通貨を含むものとして定義しよう。具体的には、連邦
準備制度がこうして定義された総貨幣供給量が年率 X パー
セントで増加するように、月を追うごとに、さらに言えば、
可能な限り日を追うごとに調整することだろう。ここで、X
は 3 と 5 の間のある値である。採用されるべき正確な貨幣
の定義や、選択されるべき正確な貨幣供給量の伸び率は、特
定の定義と特定の伸び率を明確に採用することに比べれば取
るに足らない。」

　この英文も明快ですが、直訳調ではあまり日本語らしくなら
ない箇所もあります。例えば、I would specify that the Reserve
System...... 以下を、「中央銀行が……するように指示しよう」と

するよりも、specify の意味を「具体的にいえば」と解釈し、以下をつないでいったほうが日本語らしくなるのではないかと思います。

　ここでも、経済用語は正確に訳すように心がけましょう。

　ところで、フリードマンは、ときに capitalism（資本主義）ではなく、free enterprise system（自由企業制度）という言葉を使っていますが、このような表現を読むと、過去の偉大な経済学者、例えばアルフレッド・マーシャルも同じ言葉を使っていたのを思い出します。

　マーシャルは、collectivism（「集産主義」と訳しますが、文脈をみると、ほとんど「社会主義」か「共産主義」を指している場合が多いように思います）との対比で「自由企業制度」と言ったのですが、今日の経済学者はあまり「自由企業制度」という表現は使わないようです。「市場システム」や「市場経済」のほうを多用しているかもしれません。ベルリンの壁の崩壊以後、世界中がほとんど「資本主義」になってしまったので、もはや「資本主義」とも言う必要もなく、そのメカニズムに注目した「市場システム」や「市場経済」のほうを好むようになったのかもしれません。

　いよいよ、『資本主義と自由』の結論部分を読みましょう。便宜上三つに分けて訳します。

The heart of the liberal philosophy is a belief in the dignity of the individual, in his freedom to make the most of his capacities and opportunities according to his own lights, subject only to the proviso that he not interfere with the freedom of other individuals to do the same. This implies a belief in the equality of men in one sense; in their inequality in another. Each man has an equal right to freedom. This is an important and fundamental right precisely because men are different, because one man will want to do different things with his freedom than another, and in the process can contribute more than another to the general culture of the society in which many men live.

The liberal will therefore distinguish sharply between equality of rights and equality of opportunity, on the one hand, and material equality or equality of outcome on the other. He may welcome the fact that a free society in fact tends toward greater material equality than any other yet tried. But he will regard this as a desirable by-product of a free society, not its major justification. He will welcome measures that promote both freedom and equality — such as measures to eliminate monopoly power and to improve the operation of the market. He will regard private charity directed at helping the less fortunate as an example of the proper use of freedom. And he may approve state action toward ameliorating poverty as a more effective way in which the great bulk of the community can achieve a common objective. He will do so with regret, however, at having to substitute compulsory for voluntary action.

The egalitarian will go this far, too. But he will want to go further. He will defend taking from some to give to others, not as a more effective means whereby the "some" can achieve an objective they want to achieve, but on grounds of "justice." At this point, equality comes sharply into conflict with freedom; one must choose. One cannot be both an egalitarian, in this sense, and a liberal. (p.195)

　「自由主義哲学の核心は、個人の尊厳と、おのれ自身の考えに従って潜在能力と機会を最大限に活かす自由への信念にある。それを制約するのは、ただひとつ、他の個人が同じことをする自由に干渉しないという条件のみである。これは、ある意味では、人間の平等への信念を、別の意味では、人間の不平等への信念を暗示している。各人は自由への平等な権利をもっている。これは、重要かつ基本的な権利である。その理由は、まさに、人間がお互いに異なっているからであり、自分の自由によって他人とは異なったことをしようとするからである。そして、その過程で、多くの人間が暮らす社会の一般的文化に他の個人よりもより多くの貢献をすることができるのである。」

　解説が要らないくらい明快な英文です。このレベルの英文なら、早い時期に多読する訓練を積むことによって英語の勘を養ってほしいと思います。

　「したがって、自由主義者は、一方で権利の平等と機会の平等、他方で物質的平等と結果の平等とを峻別するだろう。自

由主義者は、自由社会が、実際、これまでの他の社会よりもより大きな物質的平等に向かう傾向がある事実を歓迎するかもしれない。しかし、自由主義者は、これを自由社会の望ましい副産物と見なし、それをとくに正当化する理由にはならないと考えるだろう。自由主義者は、自由と平等をともに促進する方策、例えば独占力を排除し、市場の働きを改善するような方策を歓迎するだろう。自由主義者は、運に恵まれない人々を助けるための民間の慈善活動を、自由の適切な行使の例と見なすだろう。さらに、自由主義者は、貧困を改善するための国家活動も、社会の大部分が共通の目標を達成しうるより効果的な方法として是認するだろう。しかしながら、それを是認する自由主義者は、自発的な行動に代えて強制的な行動をとらなければならなかったことを残念に思うだろう。」

　この部分は、The liberal（自由主義者）という主語がずっと続く形をとっています（あとは、he と出てきますが）。あまり煩わしいように思えたら、逐語訳のように「自由主義者は……」と訳さなくともよいのですが、私には、フリードマンがあえてこのような「愚直」とも思える表現を用いているように読めたので、「自由主義者は……」という訳を繰り返すことにしました。これも好みの問題です。

　「平等主義者も、ここまでは同意するだろう。だが、平等主義者は、さらに前進しようと思うだろう。平等主義者は、一

部の人から他の人へ所得の再配分をすることを擁護するだろう。だが、平等主義者がそれを支持するのは、「一部」の人が達成したいと思う目標を達成しうるためのより効果的な手段だからではなく、それが「正義」であるという理由からだ。この点において、平等は自由と鋭く対立するようになる。すなわち、自由か正義を選ばなければならないのだ。この意味では、平等主義者でありながら自由主義者であることはできないのである。」

　『資本主義と自由』の最後のほうに、「自由」か「正義」かという古くて新しい問題が提起されています。それは哲学上の問題でもあるので、いまだに決着をみないものですが、『資本主義と自由』は、根本的に「自由」を信奉する経済学者が、経済問題をどのように見るべきかを一般の読者を対象にやさしく説いた本と考えればよいでしょう。

 参考訳

『資本主義と自由』村井章子訳（日経 BP クラシックス、2008 年)

第7章

ガルブレイス

ジョン・ケネス・ガルブレイス（1908−2006）が亡くなっても
う十数年の時間が経ちましたが、『ゆたかな社会』（初版は 1958
年）を初めとする彼の著作は、いまだに読み継がれています。数
年前、私の師であった伊東光晴著『ガルブレイス——アメリカ資
本主義との格闘』（岩波新書、2016 年）が刊行されたあと、以前私
が丸善ライブラリーに書いた本も白水社から復刊されましたが
（『ガルブレイス——異端派経済学者の肖像』2016 年）、死後もこれほ
ど人気のある経済学者はそうはいないと思います。

　彼が書いた本は多くがベストセラーになったので、経済学や経
済思想に関心のある読者なら一度は手にとったことがあるかもし
れません。そのなかから一冊だけ選ぶのは至難ですが、初版の刊
行から半世紀以上経過しており、なおかつ専門外の人でも意欲さ
えあれば読めるという意味で、『ゆたかな社会』を採りたいと思
います[1]。

　1　テキストは以下を用います。
　　John Kenneth Galbraith, *The Affluent Society*, first published in 1958,
　　updated and with a New Introduction by the Author, Penguin Books,
　　1999.
　　これは、1998 年、アメリカでの版元 Houghton Mifflin 社から公刊
　　された、a Fortieth Anniversary edition を基にしています。

ガルブレイスは、経済学の世界に数々の造語を持ち込みましたが、『ゆたかな社会』の出版から時間が経つにつれてほとんど日常語のように頻繁に使われるようになってしまったのは、"conventional wisdom" という言葉です。この言葉は、参考訳では「通念」と訳されています。私は何の訳語かがわかっていれば、それでかまわないと思います。ただし、ガルブレイスが、ときにこの言葉に微妙な含みをもたせて、のちに経済学の正統派的な思考法を俎上に載せていくことを押さえておきましょう。

　　Numerous factors contribute to the acceptability of ideas. To a very large extent, of course, we associate truth with convenience—with what most closely accords with self-interest and personal well-being or promises best to avoid awkward effort or unwelcome dislocation of life. We also find highly acceptable what contributes most to self-esteem. Speakers before the United States Chamber of Commerce rarely denigrate the businessman as an economic force. Those who appear before the AFL-CIO are prone to identify social progress with a strong trade union movement. But perhaps most important of all, people approve most of what they best understand. As just noted, economic and social behavior are complex, and to comprehend their character is mentally tiring. Therefore we adhere, as though to a raft, to those ideas which represent our understanding. This is a prime manifestation of vested interest. For a vested interest in understanding is more preciously

guarded than any other treasure. It is why men react, not
infrequently with something akin to religious passion, to the
defense of what they have so laboriously learned. Familiarity
may breed contempt in some areas of human behavior, but in
the field of social ideas it is the touchstone of acceptability.

　Because familiarity is such an important test of acceptability,
the acceptable ideas have great stability. They are highly
predictable. It will be convenient to have a name for the ideas
which are esteemed at any time for their acceptability, and it
should be a term that emphasizes this predictability. I shall refer
to these ideas henceforth as the Conventional Wisdom.〔pp.7-8〕

　「思想というのは、実に多くの要因に助けられて受け入れら
れやすくなるものだ。もちろん、私たちは、真理と便宜を結
びつける傾向が非常に強い。すなわち、その場合の便宜と
は、利己心や個人的福利に最も密接に調和したもの、あるい
は厄介な努力や歓迎されない生活の混乱を最もうまく避ける
ような約束のことである。私たちはまた自尊心に最も貢献す
るものも大変受け容れられやすいと感じる。アメリカ商工会
議所で演説する人が、経済力としてのビジネスマンの貢献を
貶すことなど滅多にない。AFL-CIO（アメリカ労働総同盟・
産業別組合会議）に現れる人々は、社会の進歩を強い労働組
合運動と同一視しがちである。しかし、おそらくなかでも最
も重要なのは、人々は自分で最もよく理解できたものならた
いてい賛成するということだ。前に触れたように、経済や社

会の動きは複雑であり、その特徴を理解するのは精神的にもくたびれる。したがって、私たちは、自分たちの理解を代表している思想に執着するのだが、それはあたかもおぼれつつある人が筏にしがみつくのに似ている。これが既得権益の最も重要な表れ方である。なぜなら、知識における既得権益は、その他の宝物よりも大切に保護されているからである。そうだからこそ、人々は、宗教的情熱と類似のものに突き動かされて、自分たちが非常に苦労して勉強したことを弁護しようと反応することが度々あるのだ。聞きなれたことは、人間行動のある分野では軽蔑を生むかもしれないが、社会思想の分野では、それが受け容れられるかどうかの試金石なのである。

　聞きなれたことが受け容れられるかどうかをテストする重要な手段となっているので、受け容れられた思想は大いなる安定性をもっている。それらはきわめて予測しやすいのである。そのように受け容れられやすいためにいつでも尊重されている思想には、ある名称をつけるのが便利だろうが、その名称はこのように予測しやすいことを強調する用語であるべきである。私は今後はこれらの思想を通念と呼ぶことにしよう。」

　ガルブレイスらしい、ちょっとひねった名文です。ハイフンの処理はケースバイケースですが、ここでも、日本語訳では必ずしもハイフンにする必要がないように思いました。参考訳でもそうなっています（ただし、参考訳にはなぜか promises の訳語が欠落しています）。

ideas の訳語は少し迷いますが、上では「思想」と訳しました。参考訳のように「観念」と訳しても、あるいは「考え方」と訳してもよいかもしれません。

　ともかく、ガルブレイスの「通念」とは以上のような意味なので、それを "common sense" その他と取り違えないようにして下さい。

　ガルブレイスは、経済学の世界でも、この「通念」が幅を利かせていると考えていました。例えば、消費者選択の理論では、「消費者主権」という考え方が前提されていますが、この意味は、企業の生産するものは究極的には消費者の嗜好に左右されるものだということです。しかし、ガルブレイスは、現代の大企業は派手な広告やテレビの CM などを通じて消費者の需要を喚起しようと躍起になっており、消費者はどちらかといえば受け身になっている（お金はあるが、それで何を買いたいかがまだよくわからない）のがふつうだと指摘します。

　『ゆたかな社会』を有名にした「依存効果」という言葉は、消費者の欲求が生産の側に「依存している」ことを表現したものですが、換言すれば、現代では、「消費者主権」というよりは「生産者主権」のほうが実態に近いことを暴露したものでした。

The general conclusion of these pages is of such importance for this essay that it had perhaps best be put with some formality. As a society becomes increasingly affluent, wants are increasingly created by the process by which they are satisfied. This may operate passively. Increases in consumption, the counterpart of increases in production, act by suggestion or emulation to create wants. Expectation rises with attainment. Or producers may proceed actively to create wants through advertising and salesmanship. Wants thus come to depend on output. In technical terms, it can no longer be assumed that welfare is greater at an all-round higher level of production than at a lower one. It may be the same. The higher level of production has, merely, a higher level of want creation necessitating a higher level of want satisfaction. There will be frequent occasion to refer to the way wants depend on the process by which they are satisfied. It will be convenient to call it the Dependence Effect. (p.129)

「これまで述べてきたことの一般的結論は、本書にとってきわめて重要なので、おそらく幾らか形式的に提示しておくのが最もよいだろう。社会が豊かになるにつれて、欲望は、それを満足させる過程によってますます創造されつつある。この作用は受動的であるかもしれない。消費の増大、すなわち、これは生産の増大に対応するものだが、その作用は、示唆や競争を通じて欲望を創り出すことである。期待は目標が達成されると高まる。あるいは、生産者が積極的に打って出て、宣伝や販売術によって欲望を創造するかもしれない。かくして、欲望は生産に依存するようになる。専門用語を使うと、福祉はより低い生産よりも全般的により高い生産水準

のときにより大きくなるとはもはや仮定することができないのである。どちらも同じかもしれない。より高い生産水準は、単に、欲望創造の水準がより高く、それがより高い欲望満足の水準を必然的に伴っているだけのことである。今後もたびたび、欲望がいかにしてそれによって欲望が満足させられる過程に依存するのかに言及されるだろう。それゆえ、それを「依存効果」と呼ぶのが便利だろう。」

This may operate passively. は、This operation may be passive. と置き換えて、「この作用は受動的であるかもしれない」と訳しましたが、「これは受動的に作用するかもしれない」と直訳しても、それほど誤解を招く恐れはありません。ただ、上の訳では、語順の原則を活かしてみました。

この英文も難解ではありませんが、迷ったら、前から後ろへの原則に立ち返って考えてみて下さい。

さて、依存効果は、民間部門に強力に作用するものなので、資源配分が公的部門を犠牲にして前者に偏る傾向が見られます。ガルブレイスは、そのような傾向は、とくにアメリカのような各種のメディアを通じた広告やコマーシャル等の発達した国では著しくなると考えていました。それゆえ、民間部門の「ゆたかさ」と公的部門の「貧しさ」が並立する「社会的アンバランス」の問題が発生すると主張したのです。

The conventional wisdom holds that the community, large

or small, makes a decision as to how much it will devote to its public services. This decision is arrived at by democratic process. Subject to the imperfections and uncertainties of democracy, people decide how much of their private income and goods they will surrender in order to have public services of which they are in greater need. Thus there is a balance, however rough, in the enjoyments to be had from private goods and services and those rendered by public authority.

It will be obvious, however, that this view depends on the notion of independently determined consumer wants. In such a world, one could with some reason defend the doctrine that the consumer, as a voter, makes an independent choice between public and private goods. But given the dependence effect — given that consumer wants are created by the process by which they are satisfied — the consumer makes no such choice. He or she is subject to the forces of advertising and emulation by which production creates its own demand. Advertising operates exclusively, and emulation mainly, on behalf of privately produced goods and services. Since management of demand and emulative effects operate on behalf of private production, public services will have an inherent tendency to lag behind. Automobile demand which is expensively synthesized will inevitably have a much larger claim on income than parks or public health or even roads where no such influence operates. The engines of mass communication, in their highest state of development, assail the eyes and ears of the community on behalf of more beverages but not of more schools. Even in the conventional wisdom it will scarcely be contended that this leads to an equal choice between the two. (pp.193-194)

　「通念の教えによれば、社会は、規模の大小を問わず、その公共的サービスにどれほどのお金を使うかについての意思決定をおこなう。このような意思決定には、民主的なプロセスを経て到達する。民主主義の不完全性や不確実性という制約はあるが、人々は自分の所得と財のうちのどれだけを犠牲にして、自分たちが大いに必要としている公的サービスを受けようとするかを決める。それゆえ、私的な財とサービスから得られる享楽と、公的当局によって与えられた享楽のあいだには、大雑把ではあるものの、バランスがとれているというのだ。

　しかしながら、このような見解が、消費者の欲望が独立に決定されるという概念に依存していることは明らかだろう。そのような世界では、消費者が有権者として公共財と私的な財とのあいだで独立の選択をおこなうという学説を擁護しても十分正当性がありうる。だが、依存効果——消費者の欲望がそれを満たす過程によって創り出されること——があれば、消費者はそのような選択をすることはできない。彼または彼女は広告や張り合いの力の影響を受けており、生産はその力を借りてそれみずからの需要を創り出しているのである。広告の影響はもっぱら私的に生産された財やサービスに対して

有利に働いているし、張り合いの影響も主にそのように作用している。需要の管理と張り合いの影響は、私的な生産に有利に働くので、公的なサービスは、本来、後れをとる傾向があるだろう。自動車の需要は高い費用をかけて合成されるので、そのような影響が及ばない公園や公衆衛生やさらに道路よりも、所得に対してはるかに大きな請求権を不可避的にもつだろう。マスコミのエンジンは、いまや最高の発展状態にある。しかし、それは社会の耳目をより多くの飲み物に向けようと強い影響力を行使するものの、より多くの学校には向けない。通念においてさえも、これが両者のあいだの平等な選択につながると主張することはほとんどできないだろう。」

参考訳はわかりやすい名文ですが、ときに public services of which they are in greater need の下線部分のような単語の訳が欠落しています。なくても意味は通じますが、読者がもし学生なら、細かいところもおろそかにしないように注意して下さい。

one could with some reason defend の some は、「多少の」ではなく「大いに」と解釈しました。文脈から消費者主権が確立している世界の話をしているので、defend 以下の学説は「十分正当性がある」ととってもよいのではないかと思います。

beverages は、ビールだけでなく、ジュースやソーダなど、ひっくるめて beverages と言っているのだと思います。

以上、ガルブレイスの『ゆたかな社会』のテキストから特徴のある英文を選んで読んでみました。ガルブレイスの英文は、「た

だ日本語に移すだけ」なら極端に難しいとは言えないでしょうが、原文がもつリズムやウィットなどを正確に伝えるのは簡単ではありません。自分でその本を全部訳すとしたら、気が遠くなるほどの時間がかかるかもしれません。そういうわけで、私は、ほんの少しだけ不満はあっても、定評のある訳書を担当された方々にはいつも尊敬の念を抱いています。

　前に「通念」という言葉がいまや広く使われるようになったと書きましたが、ほぼ同じ意味で、私が以前から気に入っているのは、「制度的真実」（institutional truth）という言葉です。拙著『ガルブレイス』をお読みになった方は覚えているでしょうが、これはガルブレイス自身があるインタビューのなかで漏らした言葉なのです。

　私たちは、ふつう、いろいろな組織や団体に所属しています。そのような組織や団体に所属している限り、そのなかで「真理」とされていることに抗うことは至難です。例えば、軍隊であれば、東西の冷戦が終結しても気を抜いたら軍拡競争に後れをとるという思考法が残っているかもしれません。出版業界にいれば、若者の本離れが進んでいるにもかかわらず、書物こそがわが国の文化を根底から支えているのだという思考法からなかなか抜け出せないかもしれません。等々。

　ガルブレイスは、その意味で、経済学界における「制度的真実」に挑戦した異端派経済学者でした。「消費者主権」はとうに形骸化しているにもかかわらず、教科書では、相変わらず、消費者主権に沿った消費者選択の理論が教えられています。あるいは、アメリカ経済は自由競争段階を超えてとうに独占や寡占が経済の

大きな部分を占める経済に変貌しているにもかかわらず、教科書では、「市場に従属する企業」という完全競争モデルが幅を利かせている（これを詳しく展開したのが、『新しい産業国家』です）。ガルブレイスは、それらの「制度的真実」を乗り越えない限り、経済学は現実に応えられないと主張したのでした。

それにしても、経済学者としては、ガルブレイスの英文は一級品です。彼ほどの名文を書く経済学者は、ほかには、デニス・H・ロバートソン（ケインズの初期の教え子で、のちにA・C・ピグーの後を継いでケンブリッジ大学教授となりました）か、ライオネル・ロビンズ（若くしてLSEの教授になり、『経済学の本質と意義』と題する名著を残しました）くらいでしょうか。

読者の皆様には、ガルブレイスを読んでいて気に入った英文が出てきたら、ぜひ音読して読んでみることをおすすめします。そこには、なにかの「仕掛け」が隠されているかもしれないので。

 参考訳

『ゆたかな社会』決定版、鈴木哲太郎訳（岩波現代文庫、2006年）

第 8 章

知識人と社会主義

「知識人と社会主義」の問題は、古くから論じられてきましたが、できるだけ現代に近づけて読んでみたいので、基本的にハイエクの論文「知識人と社会主義」（1949年）に沿ってみていくことにしましょう[1]。

> 1　ハイエクのこの論文は、幸い、ミーゼス研究所のウェッブサイトで読むことができます。
> https://mises.org/library/intellectuals-and-socialism-0
> 初出は、F. A. Hayek, "Intellectuals and Socialism," *The University of Chicago Law Review* (Spring 1949) です。

　昔の知識人が社会主義シンパだったといっても、いまや若者にはなかなか通じません。前にも書きましたが、ある大学の講演で、河上肇（1879-1946）の『貧乏物語』（1917年）を例に引いて、彼が「人道主義経済学」から「社会主義経済学」へと移行していく過程を説明しようとしたのですが、そもそも「社会主義」という思想がピンとこないようでした。今後は、このような世代を相手に講義しなければならないと思うと、教えるほうは憂鬱になります。

　しかし、ハイエクが「知識人と社会主義」を発表した時代は、多くの知識人や若者が社会主義の「大義」（と言って大袈裟ならば「理想」というべきでしょうか）に魅了されていました。ただ、この

論文のなかで、ハイエクは、「知識人」について独特の定義を提示しているので、注意して読んでみましょう。

Even persons who use the word "intellectual" mainly as a term of abuse are still inclined to withhold it from many who undoubtedly perform that characteristic function. This is neither that of the original thinker nor that of the scholar or expert in a particular field of thought. The typical intellectual need be neither: he need not possess special knowledge of anything in particular, nor need he even be particularly intelligent, to perform his role as intermediary in the spreading of ideas. What qualifies him for his job is the wide range of subjects on which he can readily talk and write, and a position or habits through which he becomes acquainted with new ideas sooner than those to whom he addresses himself.

「"知識人"という言葉を主に罵りの意味で使う人でさえ、いまだに、紛れもなく彼らに特有の役割を果たしている人々を"知識人"と呼ぶのを差し控える傾向がある。この役割とは、独創的な思想家の役割でもなければ、特定の思想分野における学者または専門家の役割でもない。典型的な知識人は、そのどちらにもなる必要はない。すなわち、知識人は、とりわけ何かについての専門知識をもつ必要も、とくにいっそう知的である必要もなく、思想を広めるに当たって仲介人の役割を演じるだけでよいのだ。知識人の仕事にとって必要な資

質は、広い範囲の主題についてたやすく話したり書いたりすることができること、そして、ある地位または習慣を通して、自分が語りかける人たちよりも早く新しい思想に精通することである。」

　真ん中あたりの英文、The typical intellectual need be neither: 以下は、英文法通り訳しても構わないのですが、上の訳は語順を重視してみました。

　ハイエクは、現代において、このような意味での「知識人」が世論の形成に大きな役割を演じると考えているのですが、ハイエクの関心は、もちろん、なぜ彼らが社会主義に魅了されるのかという点にあります。やや長いので、文章をいくつかに切りましょう。

Only apparently different is the role of the intellectuals where the development of more properly social ideas is concerned. Here their peculiar propensities manifest themselves in making shibboleths of abstractions, in rationalizing and carrying to extremes certain ambitions which spring from the normal intercourse of men. Since democracy is a good thing, the further the democratic principle can be carried, the better it appears to them. The most powerful of these general ideas which have shaped political development in recent times is of course the ideal of material equality.

「ただ明らかに違っているのは、社会思想と呼ぶのがより適切な分野の発展に関与するところで知識人がどのような役割を演じるかということだ。ここで知識人に特有の傾向が現れるのは、抽象化の言葉遣いや、人々のふつうの交流に由来するある種の野心を正当化し、それを極端にまで推し進めるところである。民主主義はよいものだから、民主主義の原理を促進することができればできるほど、知識人にとってはよりよくなるように思える。このような一般的な思考のなかで最も強力なものが近年の政治的展開を形づくってきたのだが、それは何かと言えば、もちろん、物質的平等の理念である。」

　英文そのものは難解とは言えませんが、最後の英文は、英文法通りに which 以下を先に訳すよりは、原則として、前から後ろへ読んでいったほうがスッキリするように思います。

It is, characteristically, not one of the spontaneously grown moral convictions, first applied in the relations between particular individuals, but an intellectual construction originally conceived in the abstract and of doubtful meaning or application in particular instances. Nevertheless, it has operated strongly as a principle of selection among the alternative courses of social policy, exercising a persistent pressure toward an arrangement of social affairs which nobody clearly conceives.

「物質的平等の理念は、自生的に成長した道徳的信念の一つではなく、当初は特定の個人間に適用されたものだという特徴がある。だが、それは、もともと抽象的に考案された知的な構築物であり、特定の事例において何らかの意味や適用可能性をもつかどうか疑わしい。それにもかかわらず、物質的平等の理念は、社会政策の代替的コースのなかから選別する原理として強力に作用してきており、誰も明確にわかっていない社会的事柄の配列に向けて持続的な圧力を行使している。」

　参考訳よりは単語をより忠実に訳していますが、前から後ろへという原則は維持しています。繰り返し出てくる it は明らかに「物質的平等の理念」を指しているので、「それは」とするよりは「物質的平等の理念」のほうがわかりやすいと思います。

That a particular measure tends to bring about greater equality has come to be regarded as so strong a recommendation that little else will be considered. Since on each particular issue it is this one aspect on which those who guide opinion have a definite conviction, equality has determined social change even more strongly than its advocates intended.

　「ある特定の手段がより大きな平等をもたらす傾向があることは、きわめて強力な政策勧告として見なされるようになったので、それ以外の手段はほとんど熟考されないだろう。ど

んな特定の問題についても、まさにこの一つの側面に基づか
なければ、世論を導く人々も明確な確信をもてないので、平
等は、その提唱者が意図したよりもいっそう強力に社会変化
を決定づけてきたのである。」

Since on each particular issue...... のところは、直訳すれば、「ど
んな特定の問題でも、世論を導く人々がそれについて明確な確信
を持っているのはこの一つの側面だけなので」となりますが、や
やこなれていないので、前から後ろという原則に即して訳してみ
ました。

　ハイエクの意味での知識人は、物質的平等の理念と同じように、
社会主義がもつ「ユートピアへの構想力」にも魅了されてきまし
た。マルクス主義者は、例えば、ユートピア社会主義を貶めま
したが（なぜなら、マルクスの思想体系は「科学的社会主義」だから）、
ユートピアは現実とかけ離れているからこそ現状批判への強力な
武器となりうることを忘れてはなりません。
　ハイエクは、次のように言っています。これもいくつかに分け
て読んでみましょう。

The selection of the personnel of the intellectuals is also closely
connected with the predominant interest which they show
in general and abstract ideas. Speculations about the possible
entire reconstruction of society give the intellectual a fare
much more to his taste than the more practical and short-run

considerations of those who aim at a piecemeal improvement of the existing order. In particular, socialist thought owes its appeal to the young largely to its visionary character; the very courage to indulge in Utopian thought is in this respect a source of strength to the socialists which traditional liberalism sadly lacks.

「知識人とは誰かを選ぶのは、彼らが一般的で抽象的な思想のなかのどれに目立って関心をもっているかとも密接に関連している。社会の全面的再編の可能性についていろいろと思索することは、現存秩序の断片的な改善を目指す人々の、もっと実践的で短期的な考察よりも、知識人の嗜好に合ったものを提供してくれる。とくに、社会主義の思想が若者に訴えかけるのは、その夢想的な性質のおかげである。つまり、ユートピア思想に身を任せようというまさにその勇気が、この点で、社会主義者にとっての力の源泉になっているのだが、不運にも、伝統的な自由主義にはこれが欠けているのだ。」

前作『英語原典で読む経済学史』で何度も指摘したように、名詞に動詞を読み込んだり、形容詞を副詞的に訳したりするのは翻訳の常識なので、不安なら前作をもう一度ひもといて下さい。ハイエクの英文は、それほど難解ではなく、古典派の時代の文献に比べればむしろやさしいくらいなので、根気強く英文を読み続けることが大切です。

This difference operates in favor of socialism, not only because speculation about general principles provides an opportunity for the play of the imagination of those who are unencumbered by much knowledge of the facts of present-day life, but also because it satisfies a legitimate desire for the understanding of the rational basis of any social order and gives scope for the exercise of that constructive urge for which liberalism, after it had won its great victories, left few outlets.

　「このような差異は、社会主義に有利に働く。その理由は、一般的原理に関する思索が、現代生活の事実についての知識の蓄積に左右されない人々の想像力を発揮させるための機会を与えるばかりでなく、どんな社会秩序でも、その合理的基礎を理解するための正当な欲求を満足させ、あの建設的な衝動を行使するための捌け口を与えるからである。ところが、自由主義は、その偉大な成功を収めて以降、そのための捌け口をほとんど残さなかったのである。」

　「あの建設的な衝動」(that constructive urge) とは、文脈から見ると、前に出てきた「社会の全面的再編」を指していると思いますが、ここではそれ以上の意訳はしませんでした。

The intellectual, by his whole disposition, is uninterested in technical details or practical difficulties. What appeal to him are the broad visions, the spacious comprehension of the social order as a whole which a planned system promises.

「知識人は、全般的な傾向として、技術的な細部や実践的困難には関心をもっていない。知識人を惹きつけるのは広大なヴィジョンであり、社会秩序を全体として広範に把握する力なのだが、それを計画された体系が約束するのである。」

さて、ハイエクは、知識人が社会主義の魅力に取り憑かれるのはなぜかという問題に多くのページ数を費やしているのですが、それに比べると、自由主義はなぜ破れたのかという問題は割とあっさりと片付けられています。要するに、ハイエクが言っているのは、次のようなことです。この英文もいくつかに分けて読んでいきましょう。

Paradoxically enough, one of the main handicaps which deprives the liberal thinker of popular influence is closely connected with the fact that, until socialism has actually arrived, he has more opportunity of directly influencing decisions on current policy and that in consequence he is not only not tempted into that long-run speculation which is the strength of the socialists, but is actually discouraged from it because any effort of this kind is likely to reduce the immediate good he can do.

「誠に皮肉なことに、自由主義の思想家から大衆的な人気を奪った主な障害の一つは、次のような事実と密接に関連している。すなわち、社会主義が現実に登場するまで、自由主義

の思想家のほうが現在の政策に関する意思決定に直接影響を与える機会が多かったので、結果として、社会主義者の強みであった長期的思索に誘引されることがなかったばかりでなく、その種の努力はすぐにもできる善を減らしそうであるがゆえに実際にそうすることを思いとどまった、ということである。」

英文はやや長めですが、単語も構文も難しくはないので、各自工夫して訳すことができるでしょう。しかし、知っていそうな単語でも、正確に読むには、もう一度辞書で確かめたほうがよい場合も少なくないので、それを習慣にすることをすすめます。

Whatever power he has to influence practical decisions he owes to his standing with the representatives of the existing order, and this standing he would endanger if he devoted himself to the kind of speculation which would appeal to the intellectuals and which through them could influence developments over longer periods. In order to carry weight with the powers that be, he has to be "practical," "sensible," and "realistic."

「自由主義の思想家が実際の意思決定にどれほどの力をもっていたとしても、それは現存体制の代表者と手を結んでいることに負っているのであり、このような立派な地位も、もし彼が知識人に訴えかけ、知識人を通じて長期にわたる展開に影響を及ぼすことができるような類の思索に専念していたな

らば、危うくなっただろう。権力に対する影響力を維持するには、自由主義の思想家は、"実践的"で、"分別があり"、そして"現実的"でなければならない。」

やや英文法通りの訳に近くなりましたが、the kind of speculation which 以下を途中で切る訳でも構いません。ただ、音読してみて、私には、この英文は、ハイエクの息の長い文章が続いているように思えたので、あえて文法通りに訳してみました。

So long as he concerns himself with the immediate issues, he is rewarded with influence, material success, and popularity with those who up to a point share his general outlook. But these men have little respect for those speculations on general principles which shape the intellectual climate. Indeed, if he seriously indulges in such long-run speculation, he is apt to acquire the reputation of being "unsound" or even half a socialist, because he is unwilling to identify the existing order with the free system at which he aims.

「自由主義の思想家が目前の問題に関与している限り、彼の報酬は、影響力、物質的成功、そしてある点まで彼の一般的見解を共有する人々のあいだでの人気という形で与えられる。しかし、このような人々は、知的風潮を形づくる一般的原理についての思索にはほとんど敬意を抱いていない。実際、もし自由主義の思想家がそのような長期的思索に本気でふける

ならば、彼は"不健全"であるとか、半ば社会主義者である
という評判さえ立てられそうである。なぜなら、彼は、現存
秩序を彼が目標としている自由体制と同一視するのに気が進
まないとみられるからだ。」

　それゆえ、ハイエクは、自由主義が魅力を取り戻すには、それ
にふさわしい「ユートピア」を構想しなければならないと主張す
るのです。これもまたいくつかに分けて読んでみましょう。

Does this mean that freedom is valued only when it is lost, that
the world must everywhere go through a dark phase of socialist
totalitarianism before the forces of freedom can gather strength
anew? It may be so, but I hope it need not be. Yet, so long as
the people who over longer periods determine public opinion
continue to be attracted by the ideals of socialism, the trend
will continue. If we are to avoid such a development, we must
be able to offer a new liberal program which appeals to the
imagination. We must make the building of a free society once
more an intellectual adventure, a deed of courage.

　「これは、自由が評価されるのは、それが失われたときのみ
であり、世界はどこでも社会主義的全体主義という暗い時期
を経験して初めて自由が再び力を盛り返すということを意味
するのだろうか。そうかもしれない。しかし、私は、そうで
ある必要はないことを願っている。それにもかかわらず、長

期にわたって世論に影響を与える人々が、社会主義の理想に魅了され続ける限り、そのような傾向は存続するだろう。そのような展開をみるのを避けたいなら、想像力をかきたてる新しい自由主義の綱領を提供することができなければならない。自由社会の建設を、いま一度、知的な冒険、勇気ある行為にしなければならない。」

What we lack is a liberal Utopia, a program which seems neither a mere defense of things as they are nor a diluted kind of socialism, but a truly liberal radicalism which does not spare the susceptibilities of the mighty (including the trade unions), which is not too severely practical, and which does not confine itself to what appears today as politically possible. We need intellectual leaders who are willing to work for an ideal, however small may be the prospects of its early realization. They must be men who are willing to stick to principles and to fight for their full realization, however remote.

「私たちに欠けているものは、自由主義のユートピアである。その綱領は、現状の単なる擁護でも、ある種の薄められた社会主義でもなく、（労働組合を含む）強者の影響を受けやすいことを容赦しない、真に自由主義的なラディカリズムである。それは、あまりに厳格な実践主義ではなく、その適用範囲が今日政治的に可能であるように見えるものに限定されないラディカリズムである。私たちに必要なのは知的な指導者

であり、彼らは、理想の早期実現の見込みがどんなに小さくとも、その理想のためにすすんで努力する人たちである。知的な指導者は、すすんで原理を遵守しようとし、その原理を完全に実現することがどんなに遠い先でも、そのために戦う人たちでなければならない。」

この英文は、さすがに which が多すぎて英文法通りではわかりにくくなるので、途中で適当に切って訳しました。決して難解な英文ではありません。各自工夫して下さい。

The practical compromises they must leave to the politicians. Free trade and freedom of opportunity are ideals which still may arouse the imaginations of large numbers, but a mere "reasonable freedom of trade" or a mere "relaxation of controls" is neither intellectually respectable nor likely to inspire any enthusiasm.

「実践的な妥協は、政治家に任せるべきである。自由な取引と機会の自由は、いまだに多数の人々の想像力をかきたてうる理想だが、単に「適度な取引の自由」や単なる「統制の緩和」では、知的にも尊敬に値しないし、いかなる情熱も鼓舞しそうにない。」

参考訳 ■■■■■■■■■■■■■■■■■■■■■■■

『ハイエク全集Ⅱ─10　社会主義と戦争』尾近裕幸訳

（春秋社、2010 年）

第 9 章

シュンペーターの民主主義論

前に、シュンペーターの『資本主義・社会主義・民主主義』は、経済理論というよりは経済社会学の著作だと言いましたが、それとは別に、「民主主義」に関する章では、今日「政治過程の経済分析」と呼ばれている領域における先駆的な考察を提示しています。

　シュンペーターの研究者なら、博学な彼が政治学の領域に踏み込んでいるのをみても驚かないのですが、経済学や経営学の分野では、シュンペーターの名前は何よりも企業家のイノベーションの遂行と結びついているので、「シュンペーターの政治学？」という反応が返ってこないとも限りません。ここでは、多くの問題は取り上げられませんが、シュンペーターが「古典的民主主義論」と呼んでいる学説のどこに問題を見出して、独自の民主主義の定義に到達したかについて、簡単に触れていきましょう。

　ところで、いま、「古典的民主主義論」と言いましたが、それは一体何を指しているのでしょうか。まずは、それを確認しておきましょう（英文テキストは、第4章で用いたものと同じです）。

The eighteenth-century philosophy of democracy may be couched in the following definition: the democratic method is that institutional arrangement for arriving at political decisions which realizes the common good by making the people itself decide issues through the election of individuals who are to assemble in order to carry out its will.（p.250）

「18世紀の民主主義哲学は、次のような定義のなかに暗に示されていると言えるだろう。すなわち、民主主義的方法とは、政治的意思決定に到達するための制度的装置であり、それは、国民みずからに国民の意志を実現するために集合すべき個人を選出させることによって公益を実現するものであると。」

これは至極まっとうな、あるいは優等生的な回答なので、ほとんど論駁の余地はないようにも思えますが、シュンペーターは、あえて次のような異議申し立てをしています。

第一に、「公益」というものを一義的に規定することはできないということ。シュンペーターによれば、18世紀の功利主義者たちは人間の価値判断についてきわめて狭い見方をとっていたので、「公益」を一義的に決めうるというような素朴な過ちを犯したが、実際は、個人や集団のあいだで何が「公益」であるかについての見解は異なるほうがふつうであると。そのような見解の違いは、合理的な議論を尽くすことによって乗り越えられると反論されるかもしれませんが、シュンペーターは、「究極的価値」とは何かという問題は、単なる論理の範囲を超えた問題であり、溝は埋められないと退けます。

第二に、たとえ「経済的満足の極大」のような「公益」が明確

に規定されたとしても、それだけでは明確な解決法が出るような具体的方法が見つかるわけではないこと。なぜなら、明確な解答を出そうとしても、「価値判断」という厄介な媒介項がそれを阻むのだと。「価値判断」にまつわる問題は、社会科学者にはお馴染みのものですが、シュンペーターには、18世紀の功利主義者たちがこの問題を等閑視したように思えたのでしょう。

　それゆえ、シュンペーターは、次のように辛辣な言葉を投げかけています。

The utilitarian fathers of democratic doctrine failed to see the full importance of this simply because none of them seriously considered any substantial change in the economic framework and the habits of bourgeois society. They saw little beyond the world of an eighteenth-century ironmonger.

　「民主主義学説の功利主義的創始者たちは、これがいかに重要であるかをつかみ損なったのである。その理由は、単純に、彼らのうちだれもブルジョア社会の経済的枠組みや習慣の本質的変化を少しも真剣に考察しなかったからである。彼らが見たのは、18世紀の金物屋の世界をほとんど超えるものではなかった。」

　だが、「公益」を否定してしまったら、「私益」しか残らないことになるが、これをどのように民主主義論と結びつけるのでしょうか。実は、シュンペーターは、ここに新古典派の「経済人」モ

デルを使って「政治過程の経済分析」への道を開拓しました。つまり、ミクロの経済主体の合理化行動を通じて政治過程にアプローチし、その延長線上に独自の民主主義の定義を提示しました。さて、どんな定義でしょうか。

And we define: the democratic method is that institutional arrangement for arriving at political decisions in which individuals acquire the power to decide by means of a competitive struggle for the people's vote. (p.269)

「かくして、私たちは次のように定義する。すなわち、民主主義的方法とは、政治的意思決定に到達するための制度的装置であり、そこで諸個人は国民の票を獲得するための競争的闘争によって意思決定する権力を獲得するのであると。」

シュンペーターの定義は、民主主義を「公益」によって定義する古典的学説と比較すると、「高邁な理想」には欠けますが、リアルポリティックスの本質を鋭く捉えています。民主主義には「政党」が不可欠ですが、シュンペーターの見方に立つと、政党も国民の票を獲得するための権力闘争をしている集団ということが明確に理解できるでしょう。

シュンペーターが政党について語った文章は、昨今の日本のように新政党が次々に誕生してはすぐに看板を変えるような状況も、理解しやすくなるのではないでしょうか。

A party is a group whose members propose to act in concert in the competitive struggle for political power. If that were not so it would be impossible for different paeties to adopt exactly or almost exactly the same program. Yet this happens as everyone knows. Party and machine politicians are simply the response to the fact that the electoral mass is incapable of action other than a stampede, and they constitute an attempt to regulate political competition exactly similar to the corresponding practices of a trade association. The psycho-technics of party management and party advertising, slogans and merching tunes, are not accessories. They are of the essence of politics. So is the political boss.（p.283）

「政党とは、その党員が政治的権力を獲得するための競争的闘争において、協調して行動することをもくろむ集団である。もしそうでなければ、異なる政党が全く同じ、あるいはほとんど全く同じ綱領を採用することなど不可能だろう。しかし、誰もが知っているように、そのような現象が生じている。政党や黒幕政治家は、単に、大衆としての有権者が集結する以外の行動をとることができないという事実を反映したものにほかならない。そして、政治家が政治的競争を規制しようという試みを組織するのは、同業組合がそれに対応した慣習的行動をとるのとまさに類似しているのである。政党操縦術や政党宣伝の心理的技量、スローガンや行進曲は、アクセサリーではない。それらは、政治に絶対不可欠なものであ

る。政界のボスもそうである。」

　シュンペーターは、経済学の分野では、「創造的破壊」とよく表現されるように、企業家によるイノベーションの遂行が「均衡破壊」の面をもつことを強調しましたが、興味深いことに、政治過程の経済分析では、新古典派の「経済人モデル」に依拠して、古典的民主主義学説に論駁を加えました。

　シュンペーターの民主主義論は、どちらかといえば、当初は、経済理論というよりは政治学や政治過程の分析に関心のある研究者によって高く評価されましたが、昨今の日本の政治状況を垣間見ても、彼の分析がリアルポリティックスを見事に抉り出した仕事だということがわかるように思います。

参考訳

『資本主義・社会主義・民主主義』上・中・下、中山伊知郎・東畑精一訳（東洋経済新報社、1962 年）

第 10 章

ニュー・エコノミックスと古き良き時代

サムエルソンが掲げた新古典派総合が 1960 年代に黄金時代を迎えたことはすでに触れましたが、ケネディ政権が誕生した頃から、マスコミではよく「ニュー・エコノミックス」という言葉が使われ始めました。これは新古典派総合の別名と言ってもよいのですが、なぜ「ニュー」とつける必要があったのでしょうか。

　新古典派総合と類似の構想自体は、ケインズの『一般理論』最終章にも出てきましたが、実は、ケインズ政策がときの政権によって意識的に採用されるのは、1960 年代のケネディ政権を待たなければなりませんでした。一時期、高校の世界史の教科書や一般の啓蒙書に、ケインズ政策とルーズヴェルト政権のニュー・ディールを結びつける記述が散見されましたが、たとえニュー・ディールの後期にケインジアンが政策決定に参画していたとしても、全体を俯瞰すると、ニュー・ディールがケインズ政策の実践とはとても言えないというのが学界の定説です。

　ところが、ケネディ政権には、大統領経済諮問委員会の委員長ウォルター・W・ヘラーを中心に、ジェームズ・トービン、カーミット・ゴードンなど、政策ブレーンにアメリカの優秀なケインジアンたちが名を連ねただけでなく、彼らの「教育」によって実際にケネディ大統領を動かした（例えば、厳格な財政規律を恐れず、減税による景気回復策の発動への決断）という意味で、アメリ

ヵ史上画期的な時代でした。

　いま、アメリカのケインジアンと言いましたが、彼らの大部分は、ケインズ政策の役割を正当に評価しながらも、市場の資源配分機能も重視していたので、正確には、新古典派総合論者というべきかもしれません。しかし、誰が言い出したのかよくわかりませんが、「ニュー・エコノミックス」という言葉が市民権を得て、当事者たちもそれを使うようになりました。

　ヘラーの著書（日本語版は『ニュー・エコノミックスの理論』となっていますが、原題は、*New Dimensions of Political Economy* です）を読むと、ケネディ大統領が当初からニュー・エコノミックスを完全に理解していたというような「神話」めいたことは一切書かれていません。しかし、経済諮問委員会のメンバーや、彼らの「黒幕」といってよいサムエルソンたちが、ケネディ大統領を粘り強く「教育」し、ニュー・エコノミックスの方向に誘導したのです。

　ヘラーの著書は、その事実を克明に記録し、ニュー・エコノミックスの成果とこれからの課題を綴ったものでした。まず、始まってすぐの英文を読んでみましょう[1]。

1　テキストは以下を用います。
　Walter W. Heller, *New Dimensions of Political Economy*, Harvard University Press, 1966.

Economics has come of age in the 1960's. Two Presidents have recognized and drawn on modern economics as a source of national strength and Presidential power. Their willingness to use, for the first time, the full range of modern economic tools underlies the unbroken U.S. expansion since early 1961 — an expansion that in its first five years created over seven million new jobs, doubled profits, increased the nation's real output by a third, and closed the $50-billion gap between actual and potential production that plagued the American economy in 1961.

Together with the gradual closing of that huge production gap has come — part as cause, part as consequence — a gradual, then rapid, narrowing of the intellectual gap between professional economists and men of affairs, between economic advisers and decision makers. The paralyzing grip of economic myth and false fears on policy has been loosened, perhaps even broken. We at last accept in fact what was accepted in law twenty years ago (in the Employment Act of 1946), namely, that the Federal government has an overarching responsibility for the nation's economic stability and growth. And we have at last unleashed fiscal and monetary policy for the aggressive pursuit of those objectives.

These are profound changes. What they have wrought is not the creation of a "new economics," but the completion of the Keynesian Revolution — thirty years after John Maynard Keynes fired the opening salvo. And they have put the political economist at the President's elbow. (pp.1-2)

「経済学は、1960年代に成熟した。二人のアメリカ大統領が、現代経済学を国力と大統領の権力の源泉として認識し、それを活用した。彼らが初めてすすんで現代経済学の全領域を利用しようとしたことは、1961年初めから連続しているアメリカの経済の拡大の基礎にある。すなわち、その拡大とは、最初の5年間に、700万以上の新しい職を創り出し、利潤を倍にし、実質国民生産を三分の一増加させ、1961年のアメリカ経済を苦しめていた現実の生産と潜在的生産の間の500億ドルのギャップを埋めたようなものであった。

そのような巨大な生産ギャップが次第に埋められるようになるとともに——一部は原因として、もう一部は結果として——、専門的な経済学者と実務家、経済勧告者と意思決定者との間の知的ギャップも徐々に、それから急速に狭まってきた。経済的神話や誤った恐れが経済政策を停滞させるほど支配していたのだが、その力も弱まってきて、たぶん崩壊しさえした。私たちは、ようやく事実上、20年前の法律（1946年の雇用法）において承認されたものを受け容れたのである。すなわち、連邦政府は、この国の経済的安定と成長について何よりも大切な責任を負っていると。そして、私たちは、ようやく、それらの目標を果敢に追求するために財政・金融政策を解き放ったのである。

これらは深遠な変化である。それがもたらしたものは、「ニュー・エコノミックス」の創造ではなく、ケインズ革命の完成——ケインズが口火を切ってから30年後のことだ——である。そして、その変化は、政治経済学者を大統領

のすぐ近くに置いたのである。」

　ヘラーの英文は、たまに wrought のような古い表現が出てき
ますが、全体的に平明でありながら格調が高い名文だと思います。
　これを読むと、ケネディ大統領以前は、学界ではすでにサムエ
ルソンやトービンなどのアメリカのケインジアンが多数活躍して
いながら、政策の現場で彼らの助言が真剣に受け取られることが
なかったことがわかります。
　たしかに、1946 年の雇用法には、アメリカ政府が経済の安定
と成長のための責任を負うことが定められていたのですが、現実
にそれが機能し始めたのは、ケネディ政権の誕生を待たなければ
ならなかったのでした。

　もう少し、ヘラーが二人の大統領について書いた英文を読んで
みましょう。便宜上、三つに分けて訳します。

John F. Kennedy and Lyndon B. Johnson stand out, then, as
the first modern economists in the American Presidency. Their
Administrations were largely free of the old mythology and
wrong-headed economics which had viewed government deficits
as synonymous with inflation; government spending increases
as a likely source of depressions that would "curl your hair"; and
government debt as an immoral burden on our grandchildren.
These avowed Presidential and Cabinet views of less than ten
years ago serve as vivid reminders of how far we have advanced

through the leadership of two Presidents who typically talked economic sense to the American people and matched good sense with good policy.

President Kennedy's landmark speech at Yale stands as the most literate and sophisticated dissertation on economics ever delivered by a President (and he wrote much of it himself). In that speech, in his two annual Economic Messages, in two nationwide television talks on the tax cut, in press conferences, in White House statements, and in speeches, he put Presidential economic discourse on a wholly new plane.

In economic policy, he molded the diversity among his advisers (in the CEA, Treasury, and the Budget Bureau in particular, but also in Labor, Commerce, and other departments) into a harmonious consensus. He was thereby able to put the full weight of his Administration behind bold and modern economic measures like the tax cut.（pp.36-37）

「ジョン・F・ケネディとリンドン・B・ジョンソンは、かくして、アメリカの大統領職にあった者のなかで最初の現代経済学者のような存在として異彩を放っている。彼らの政権は、古い神話や見当違いの経済学からは概ね解放されていた。以前は、連邦政府の赤字をインフレーションの同義語と見なしたり、政府支出が増えると「髪を縮れさせる」ような不況の源泉になりそうだとか、連邦政府の赤字は私たちの孫の世代に不道徳な重荷を負わせるだとか主張したりするような

誤った神話や経済学が支配していたのである。このような見解は、10年足らず前は、大統領や内閣が公言していたものだが、それを思うと、私たちが二人の大統領のリーダーシップを通じてどれほど進歩したかをまざまざと想起させてくれる。ケネディとジョンソンは、アメリカ国民に経済学の良識を語りかけ、その良識に見合う良き政策を採用するという象徴的な役割を演じた。」

　最初に、ケネディとジョンソンがアメリカ大統領史においてthe first modern economistsとなったという趣旨の英文が出てきますが、これを「最初の現代経済学者」とか「最初のエコノミスト」と訳すのは行き過ぎ（褒め過ぎ？）のように思いましたので、「最初の現代経済学者のような存在」と少し表現を緩めました。

　そのあと、彼らが古い時代の神話や経済学から無縁だったという趣旨の英文が続きますが、例によってwhich以下が長いので、いったん切ります。しかし、which以下は、ケネディ＝ジョンソン政権以前の「古い神話や見当違いの経済学」の見解がどんなものだったかを例を引いて述べているので、それが明確になるように訳したほうがよいと思います。

　次は、These avowed Presidential and Cabinet views of less than ten years agoが主語に当たる部分ですが、これを「10年足らず前の公言された大統領や内閣の見解」と直訳したのではいかにもぎこちない日本語になるので、上の試訳のように工夫してみました。

　「ケネディ大統領のエール大学における画期的な演説は、か

つてこの国の大統領が経済学について語ったなかで、最も明晰かつ洗練された論述であった（そして、ケネディは、その大部分を自分で書いたのである）。その演説、二度にわたる大統領の年次教書、減税に関する二回の全米テレビ談話、記者会見、ホワイトハウス声明、そして諸々の演説において、ケネディは、大統領の経済論議を全く新しい段階に進めたのである。」

この英文は、とくに引っかかる部分はないと思います。ヘラーを初め、大統領経済諮問委員会に結集した経済学者のケネディ大統領への思い入れがよく伝わってきます。

「経済政策において、ケネディは彼の助言者（経済諮問委員会、財務省、とくに予算局ばかりでなく、労働省、商務省、その他の省にも存在した）のあいだの多様な意見を、一つの調和のとれた合意の形にまとめた。ケネディは、そうすることによって、政権の全力をあげて減税のような大胆で現代的な経済対策の実現へと邁進することができたのである。」

大統領経済諮問委員会の委員長をつとめたヘラーは、サムエルソンのように輝かしい理論的業績があったわけではなかったのですが、とても誠実で実務家肌の経済学者として政権を支えました。彼はその仕事を「ケインズ革命を完成させる」という使命感に燃えて精力的にこなしましたが、それは、ある意味で、1960年代のアメリカのリベラル派にみられる特徴とも言えるでしょう。

（念のためにいうと、ここでの「リベラル」は、フリードマン流の「自由主義者」ではなく、自由放任主義と決別し、必要な分野で政府が積極的に行動を起こすという意味です。）

その関連で、以下の英文を読んでみましょう。便宜上二つに分けます。

The distinguishing feature of the "new economics" is not that it is new but that it has newly pressed into the public service the lessons of modern economics — of Keynes and the Classics — to help make good this promise. In this chapter I will be concerned with the objectives, working concepts, and policy content of the "new economics," its performance in both a slack and a taut economy, and what it demands of future policy and promises in return.

The Employment Act, the nation's economic Magna Carta, calls upon the Federal government — with the cooperation of industry, agriculture, labor, and state and local governments, and in ways that will promote free competitive enterprise — to use "all its plans, functions, and resources . . . to promote maximum employment, production, and purchasing power." Through "judicious interpretation" under four Presidents, this mandate has gradually evolved into the four-dimensional objective of full employment, high growth, price stability, and balance-of-payments equilibrium — sought within the

　「"ニュー・エコノミックス"の顕著な特徴は、それが新しいことではなく、現代経済学——ケインズと古典派——の教えを、この約束を実現するための助力になるように新たに公共的任務の一つとして定着させたことである。この章において、私は、「ニュー・エコノミックス」の目標、基本的な発想、政策内容、不況時と好況時の双方の経済におけるその成果、そして、それが将来の政策について何を要求すれば見返りに何が約束されるかについて明らかにしていこう。」

　最初の this promise は、その前に「雇用法」の制定以来、連邦政府が経済の安定と成長を維持する責務を担うようになったという趣旨の解説があるので、その「約束」を指しているでしょう。現代経済学を「ケインズと古典派」に二分していますが、これは、新古典派総合と同じく、ケインズのマクロ経済学と古典派（ここでは、ほとんど「新古典派」の意味ですが）のミクロ経済学の意味です。その二つの lessons、つまり「教え」あるいは「知恵」を活用して、その約束を実現することが、public service、「公共的任務」の一つとなったことを述べているわけです。

　「雇用法は、この国の経済の「マグナカルタ」というべきものだが、それが連邦政府に要求するのは、「最大限の雇用、生産、購買力を促進するために……その計画、機能、資源を

166

すべて」活用することである。その際、工業、農業、労働組合、州と地方政府に協力し、自由で競争的な企業心を促進しながら任務に当たらなければならない。4名の大統領の下での「慎重な解釈」を通じて、この要求は、完全雇用、高度成長、物価安定、国際収支の均衡という四次元の目標へと次第に進化していった。ただし、それは、機会の均等を促進し、選択の自由の幅を拡大するという制約内で追求されなければならない。」

　この英文は、ハイフンの処理に少し迷いますが、日本語としては別にハイフンを使わなくてもよいのではないかと判断しました。そして、最初のハイフン内の文章がやや長いので、それは後ろに回しました。そのほうが、連邦政府に要求されることを最初にストレートに打ち出すことができるので、わかりやすくなると思います。

　もっとも、アメリカの現代史に通じた読者は、ヘラーの「ニュー・エコノミックス」への評価は甘すぎたのではないかと感じるかもしれません。たしかに、1960年代の後半には、ジョンソン大統領の誤算によってアメリカがベトナム戦争の泥沼に陥ってしまったので（その間、総需要が過大になり、インフレが加速化していきました）、そのような批判も十分に根拠があります。

　ただし、ヘラーがのちに反論した内容を手短にまとめると[2]、「ニュー・エコノミックス」を奉じる経済諮問委員会のメンバーは、総需要が過大になる前に大統領に増税を勧告したこと、それ

を大統領がなかなか受け容れようとしなかったがゆえに、インフレ期待が定着し、総需要管理が難しくなったということでした。「ニュー・エコノミックス」の診断と処方箋は誤っていなかったが、政治家がそれをタイミングよく採用しなかったという言い方は、どうしても自己弁明のように聞こえるので分が悪いのですが、ヘラーは最後までその立場を崩しませんでした。

2　詳しくは、拙著『サムエルソン──『経済学』と新古典派総合』（中公文庫、2018 年）をご覧下さい。

それゆえ、全体としての評価も、いまから見れば少し甘いものになっています。

The promise of modern economic policy, managed with an eye to maintaining prosperity, subduing inflation, and raising the quality of life, is indeed great. And although we have made no startling conceptual breakthroughs in economics in recent years, we *have*, more effectively than ever before, harnessed the existing economics — the economics that has been taught in the nation's college classrooms for some twenty years — to the purposes of prosperity, stability, and growth. As we have seen, we cannot relax our efforts to increase the technical efficiency of economic policy. But it is also clear that its promise will not be fulfilled unless we couple with improved techniques of economic management a determination to convert good economics and a great prosperity into a good life and a great

「現代経済政策の前途は、繁栄を維持し、インフレを抑制し、生活の質を向上させることに留意して運営されるならば、まことに大きなものがある。たしかに、私たちは、近年、経済学において驚くべき概念上の革新を何も成し遂げたわけではないが、現にある経済学——この国の大学の教室でおよそ20年間教えられてきた経済学——を、かつてないほど有効に、繁栄、安定、成長という目的のために活用してきた。すでに見てきたように、私たちは、経済政策の技術的効率性を高めるための努力を緩めることはできない。しかし、同時に明らかなのは、現代経済政策の前途も、経済管理の改善された技術と、良き経済学と偉大な繁栄を良き生活と偉大な社会に転換させる決意と組み合わせなければ、実現されないだろうということである。」

最初の英文は、原則通り前から後ろへ読んでいったほうがわかりやすいと思います。その場合、managed with のところは、例えば if it is managed with と補ってみると明確になります。

繰り返しになりますが、1966年の時点でアメリカの大学で「スタンダード・エコノミックス」として教えられていたのは、新古典派総合の経済学でした。ヘラーのように、現実の経済政策の作成に関与した人にとっては、ケインズ経済学と新古典派経済学を巧妙にバランスさせ、両者のよい部分を引き出すテクニックが要求されたわけですが、彼は、その時代の経済学の限界を踏ま

えて忠実にその仕事をこなしました。

　しかし、彼も認めているように、新古典派総合がとくに "startling conceptual breakthroughs" を成し遂げていないという限界は、ベトナム戦争後のインフレ期待の蔓延とフリードマンのマネタリズムの台頭を経て、次第に明らかになってきました。現代経済学史に通じている読者は、最初の理論的革新が、シカゴ大学のロバート・ルーカスの「マクロ経済学のミクロ的基礎」付けの理論のように、新古典派の側からなされたことをよくご存じでしょう。それに対抗する形で登場してきたのが、グレゴリー・マンキューのような「ニュー・ケインジアン」の理論ですが、マンキューもルーカスの方法論上の革新の意義は十分に認めています。

　かくして、「ニュー・エコノミックス」は、1960年代のケネディ＝ジョンソン政権の時期に黄金時代を謳歌したあと、次第に衰退し、1980年頃にはもはや学界の主流派ではなくなってしまうのですが、ヘラーを初めとするアメリカのケインジアンたちの活躍が、よい意味でも悪い意味でも、その後の学界とときの政権とのあいだの結びつきを高めたことは間違いないでしょう。歴代大統領の下で経済諮問委員会の委員長をつとめた経済学者の一覧を眺めれば、そのことは明白だと思います。

参考訳

ウォルター・W・ヘラー『ニュー・エコノミックスの理論』間野英雄・小林桂吉訳（ぺりかん社、1969年）

応用編　経済英文の読み方 (1)

サムエルソン＝ノードハウス

1　原書購読に学生たちが真面目に取り組んでいた時代

　私たちが経済学部に入学した頃、1 年生（関西では 1 回生）の必修履修科目には必ず経済学の原書購読があり、学生たちもその授業には真面目に取り組んだものでした。いまは、教科書も買わない大学生が増えていますが、当時は高価で分厚い経済学の原書を購入し、予習した上で授業に臨んだものでした。「必修」なので単位を落としたら卒業できません。教員によっては違ったのかもしれませんが、大方、経済学の基礎理論（ミクロとマクロ）を原書で教えることは重要だという認識をもっていたと思います。

　かつて、経済学の原書購読によく使われたのは、第 5 章で書いたように、ポール・A・サムエルソンの『経済学』でした。その本の原書第 1 版は 1948 年ですが、ほぼ 3 〜 5 年の間隔で改訂されたので、私が大学生になった頃は第 10 版か第 11 版が流通していました。1 年生のとき指定された教科書は、残念ながら、サムエルソンではなかったのですが、私はサムエルソンの名前がずっと気になっていたので、自分で原書を購入して読破しました。

　サムエルソンの日本語版は、原書第 6 版からハーヴァード大学大学院で彼の友人であった都留重人氏によるものが岩波書店か

ら上・下の二巻本として刊行されていました。私が原書を読むときに参照したのは、原書第11版（1980年）の日本語版です（都留重人訳、上・下、岩波書店、1981年）。噂によれば、都留氏は、その本を口述筆記で訳したということでした。

ところが、第11版は、サムエルソンの単独著書としては最後のものになり、原書第12版（1985年）からウィリアム・D・ノードハウスとの共著の形で出版されるようになりました。そして、なぜか第12版の日本語版は出版されませんでした。共著になったので出なかったのかと推測していましたが、またなぜか原書第13版（1989年）の日本語訳は、同じく都留重人訳で岩波書店から上・下二巻本として出版されました。しかし、その後の版は、都留氏が高齢になったので、日本語版が出ることはありませんでした。

実は、私は博士課程の大学院生の頃、ある私立大学で原書第12版を原書購読の授業に使ったことがあります。共著になって初めての版だったので、ところどころ、原書第11版と比較しながら読んだのですが、第11版の記述とほとんど変わらない部分と、おそらくはノードハウスが加筆修正した新しいトピックスの部分とが混在していることにすぐ気づきました。しかし、日本語版が出ていないという気楽さもあって、授業では自分なりの訳を提示して学生に教えていたのを覚えています。

ということで、原書第12版は、私にとって思い出の深い一冊なのですが、この応用編を書くに当たって、この版をところどころ使って経済英文の読み方を説いてみようかという案が突然浮かびました。全体をできるだけ鳥瞰できるように英文を拾っていく

つもりなので、何らかの参考になるのではないかと思います。

2　経済学とは何か

　「経済学とは何か」という問いは、経済学の定義にそのままつながっていきますが、スタンダードな経済学において、広く使われてきた有名な定義があります。それは、イギリスの経済学者ライオネル・ロビンズが提示した「希少性」定義です。ロビンズは、次のように言っていました[1]。

> Economics is the science which studies human behaviour as a relationship between ends and scarce means which have alternative uses.

> 「経済学は人間行動を研究する学問だが、その際、人間行動を目的と代替的用途をもつ希少な手段のあいだの関係として捉える。」

　これを経済学の「希少性」定義と呼んでいます。人間行動の目的はいろいろあるでしょうが、それを満たすための資源は希少です。それゆえ、目的を満たすための手段としての希少な資源をいかに効率的に配分するかという問題が生まれます。それ取り扱うのが経済学だという意味です。

1　Lionel Robbins, *An Essay on the Nature and Significance of Economic Science*, Macmillan, first edition 1932, second edition 1935, p.16.

　これを直訳すると、「経済学は、諸目的と代替的用途をもつ希少な諸手段のあいだの関係としての人間行動を研究する学問である」となりますが、実は、昔出ていた日本語版はこんな感じでした。しかし、現代では、それはさすがにわかりにくいと思われるのではないでしょうか。

　そこで、思い切って、which studies human behaviour でいったん切ることにしましょう。「人間行動を研究する学問」を先に出して、as a relationship 以下でそれを説明するような訳にしたほうが読みやすいので、上のような拙訳になりました。

　アメリカでも日本でも、経済学の教科書は、ロビンズの定義をそのままか、少し修正した形で採り入れたものが多かったと思います。サムエルソンの教科書も例外ではなかったのですが、原書第12版のサムエルソン＝ノードハウスは、どのように定義しているでしょうか。次の英文を読んでみましょう[2]。

Economics is the study of how people and society choose to employ scarce resources that could have alternative uses in order to produce various commodities and to distribute them for consumption, now or in the future, among various persons and groups in society.　(p.4)

「経済学は、人々や社会がどのような選択をするかを研究する学問である。その選択とは、代替的用途をもつ希少な資源をいかに利用することによって、さまざまな商品を生産し、それらを現在または将来における消費のために、社会のさまざまな人々や集団のあいだにいかに配分するかということである。」

　この英文も、直訳ではわかりにくいでしょう。そこで、「人々や社会が選択する学問」というところを先に訳し、次にその「選択」とはどんなものかを明らかにしていったほうがよいと判断しました。

　第11版の定義も、これとあまり変わらないのですが、たぶんノードハウスが無駄な文章をカットし、より簡潔な表現になっています。このような傾向は、ノードハウスが単独で書いたに違いない新しいトピックスの部分や原書第13版以降ではもっと顕著になります。

2　サムエルソン＝ノードハウスの第12版は次のテキストから引用しますので、本文にページのみを記します。
Paul A. Samuelson and William D. Nordhaus, *Economics*, twelfth edition, McGraw-Hill Book Company, 1985.

3　「見えざる手」

アメリカの経済学入門書には、必ずと言ってよいほど、アダ

ム・スミスの「見えざる手」への言及があります。サムエルソン＝ノードハウスの原書第12版も例外ではありません（この部分は、第11版とほとんど変わりがないようです）。現代のマンキュー（Gregory Mankiw）の教科書もそうですが、そこでは、「見えざる手」が市場経済における価格の自動調整機能と等置して語られています。

スミスの「見えざる手」をそのように理解してよいかどうかは別問題ですが（拙著『英語原典で読む経済学史』白水社、2018年を参照）、サムエルソン＝ノードハウスも、「見えざる手」を完全競争と関連づけて説明しているので、趣旨は変わらないといってよいでしょう。ともかく、その部分を読んでみましょう。

Adam Smith, whose *The Wealth of Nations* (1776) is the germinal book of modern economics, was thrilled by his recognition of an order in the economic system. Smith proclaimed the principle of the "*invisible hand*." It says that every individual, in selfishly pursuing only his or her personal good, is led, as if by an *invisible hand*, to achieve the best good for all. In this best of all possible worlds, any interference with free competition by government is almost certain to be injurious.

The *invisible-hand* doctrine is a concept for explaining why the outcome of a market mechanism looks so orderly. Smith's insight about the guiding function of the market mechanism has inspired modern economists —— both the admirers and the critics of capitalism. After two centuries of experience and thought, however, we now recognize the scope and realistic limitations of this doctrine. We know that the market sometimes lets us down, that there are "market failures." Two of the most important market failures, running as themes through this book, are the *absence of perfect competition* and the presence of *externalities*. (p.46)

「アダム・スミスの『国富論』は、現代経済学の種本だが、彼は経済システムのなかに秩序が存在することを認識して感銘を受けたのである。スミスは、"見えざる手"の原理を称賛した。その原理によれば、すべての個人は彼または彼女の個人的利益のみを利己的に追求する過程で、あたかも"見えざる手"に導かれるように、すべての人にとっての最大の利益を達成するという。このような考えうるすべてのなかで最善の世界では、政府による自由競争への干渉は、どこでもほとんどつねに有害な結果をもたらす。

　"見えざる手"の学説は、なぜ市場メカニズムの結果がそれほど秩序だったものに見えるのかを説明するための考え方である。スミスが市場メカニズムの道案内的な役割について示した洞察は、資本主義の賛美者も批判者もともに含めて、現代の経済学者たちにインスピレーションを与えてきた。しかしながら、二世紀にわたる経験と思索の結果を経て、私たちはいまやこの学説が適用される範囲とその現実に即した限界を認識するようになっている。私たちは市場がときに期待を裏切ること、したがって、"市場の失敗"があることを

知っている。市場の失敗のなかでももっと重要な二つは、本書全体を通じるテーマとして登場するが、それは、完全競争の不在と外部性の存在である。」

　最初の英文を、「その『国富論』（1776 年）が現代経済学の種本となっているアダム・スミスは……」と訳す人は、さすがに中高生くらいしかいないでしょう。それは日本語ではふつう使わない表現です。上のように、この場合も、語順の原則に従って前から後ろに読んでいくほうが自然です。

　「見えざる手」の学説が現代の経済学者に大きな影響を与えてきたものの、『国富論』の出版から二世紀以上の時間が経って、それが適用される範囲とその限界も明らかになってきたという趣旨の文章が続きます。the scope and realistic limitations of this doctrine は、「この学説の範囲とその現実的な限界」と訳しても、もちろん意味は通じますが、少し補って「この学説が適用される範囲とその現実に即した限界」と訳しました。

　そして、「見えざる手」の学説の限界が、「市場の失敗」に起因すること、そのなかでも二つのテーマ——「完全競争の不在」と「外部性の存在」——が教科書のなかに頻繁に登場することが示唆されています。

　専門的に言うと、ミクロ経済学では最初に「完全競争」を仮定した経済理論を習いますが、その洗練された表現が 19 世紀のワルラス（Léon Walras）から現代のドブリュー（Gerard Debreu）に至る一般均衡理論です。そのあとで、「完全競争」の仮定を外した世界での経済理論に移りますが、不完全競争理論や独占・寡占理

論などは、私たちの学生の頃から重要なトピックスでした。外部性の問題も、19世紀のマーシャル（Alfred Marshall）の時代から現代に至るまで、さまざまな理論モデルが提示されています。

　最近では、幅広い問題で、ゲーム理論を駆使したモデルが展開されるので、読者も以前よりはメニューの豊富になったミクロ経済学をしっかり勉強してほしいと思います。たとえ、経済思想史を専攻しようと思っていても、大学院の修士課程でコアコースに指定されたミクロ経済学の試験をクリアしなければ、理論はつねに進歩していくので、将来、経済思想史家として活躍することは難しいでしょう。このような基本がわかっていない大学院生が増えたので、あえて苦言を呈しておきます。

4　ケインズ革命

　では、ケインズ革命についての記述はどうなっているでしょうか。おそらく、ケインズを含めて新しいマクロ経済学のトピックスは、共著者のノードハウスがずいぶん手を入れただろうと推測されます。というのは、原書第11版までにはなかったAD/AS曲線が登場しているからです（ADは総需要、ASは総供給ですが、AD/AS分析では、縦軸に物価水準、横軸に実質産出量をとった図において、AD曲線とAS曲線の交点で物価水準Pと実質産出量Qが同時に決定されます）。しかも、文章がより簡潔になっているのですが、天才サムエルソンは数学ができる人には珍しく語彙の豊富な文章を書いていたので、私はノードハウスが改訂の重責を担ったと想像

しています。

　改訂された文章がどれほどサムエルソンの見解を反映している
かについては若干疑問もありますが、一応、サムエルソン＝ノー
ドハウスの共著なので、その点は措くことにしましょう。

Economists of the 1930s could hardly ignore the vast army of unemployed workers — begging for work, selling pencils on street corners. Classical macroeconomic theories offered no way to understand this massive and persistent idleness.

Enter Keynes. Certainly, the timing of his *General Theory* in 1936 could hardly have been better. But more important, it offered for the first time a completely new conception of the way that the economy would evolve over time — and ushered in the era of modern macroeconomics.

The centerpiece of Keynes' view was a rejection of the postulate of flexible wages and prices. According to Keynes, *macroeconomic adjustment occurs through the adjustment of spending to changed incomes, rather than through the adjustment of flexible wages and prices*. Exactly how this Keynesian output-determination mechanism works will be explained in the second half of this chapter, but we can survey the key role of price flexibility here.

To understand Keynes' point, let's say we are witnessing the reaction to an oil-price shock — such as the one in 1973, which drove oil prices up four-fold. Such a shock would lead to massive reshuffling in the economy; the demand for oil, oil furnaces, autos, and workers in those industries would fall. The demand for insulation, bicycles, coal, and coal miners would rise.

In a classical world, the readjustment in relative prices would occur very quickly, and no under- or overemployment of labor or capital would follow. A macroeconomist sharing Keynes' persuasions would retort that quick price and wage adjustments are exactly what does *not* happen. Why not? (p.146)

「1930年代の経済学者は、職を奪われた労働者の巨大な集団をとても無視することはできなかった——失業者は職を請い、街角で鉛筆を売っていたのである。古典派のマクロ経済理論は、このように大規模で持続的な失業状態を理解する方法を提供できなかった。

　ケインズ登場。たしかに、『一般理論』が1936年に刊行されたことは、タイミングとしてはそれ以上のものはとてもあり得なかっただろう。しかし、もっと重要なことがある。『一般理論』は、初めて、経済学が時間を通じてどのように進化していくかについての全く新しい考え方を提示し、現代マクロ経済学の時代の到来を告げたのである。

　ケインズの見解の目玉は、賃金と価格の伸縮性という公準を拒否したことである。ケインズによれば、マクロ経済の調整は、伸縮的な賃金や価格の調整というよりは、所得の変化に対する支出の調整を通じて生じる。このようなケインズ的

産出量決定のメカニズムが正確にどのように働くかは、この章（第8章）の後半において説明されるだろうが、私たちはここで価格伸縮性の重要な役割を概観することができる。

　ケインズの論点を理解するために、例えば、私たちが石油価格ショック——石油価格を4倍にはね上げた1973年のショックのような——に対する反応を目撃しているとしよう。そのようなショックは、経済の大規模な再編をもたらすだろう。すなわち、石油、石油炉、自動車、そしてそのような産業における労働者に対する需要は、落ち込むだろう。断熱材、自転車、石炭、そして炭鉱に対する需要は増大するだろう。

　古典派の世界では、相対価格の再調整はきわめて迅速におこなわれるので、労働や資本の過少雇用や過剰雇用が続いて生じることはないだろう。ケインズの確信を共有するマクロ経済学者は、迅速な価格と賃金の調整は生じないというのが正確だと反論するだろう。」

サムエルソン゠ノードハウスは、原書12版から、このように価格と賃金が完全に伸縮的に動く古典派の世界と、価格と賃金の硬直性が存在するケインズの世界を対照的に描くようになりました。この点は現代のスタンダードな経済学教科書と歩調を合わせています。そして、それを表すために採用されたのが、AD/AS分析です。

　原書第12版の8章には右のような図が描かれています。これは、「固定価格を伴う均衡」（Equilibrium with Fixed Prices）ですが、ケインズ経済学が適用されるのは価格と賃金の硬直性があ

る領域というのがスタ
ンダードな理解なので、
この図も、AS曲線が
Potential GNP（「潜在
的GNP」と訳せますが、
この訳語は定着はしてい
ないと思います）のとこ
ろまで水平に描かれて
います（Potential GNP
とは原書第12版で初め
て出てきた用語ですが、

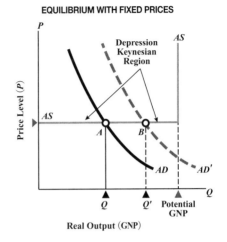

EQUILIBRIUM WITH FIXED PRICES

Price Level (*P*)

Depression
Keynesian
Region

AS   *AS*

A   *B*

AD   *AD'*

Q   *Q'*   Potential
GNP

Real Output (GNP)

「完全雇用対応時の実質産出量」とほとんど同じと考えればよいでしょう。
いまでは、GNPよりもGDPを使いますが、原書第12版は1985年刊な
ので、まだ転換期にあったと思われます）。

　ただし、AS曲線は、「潜在的GNP」に達すると、垂直になり
ます。これが古典派の領域です。そこでは、価格と賃金が完全に
伸縮的に動いてすべての市場を清算してしまう（「清算」とは「需
要と供給が等しくなる」という意味です）ので、何が起ころうと企業
は潜在的産出量のところまで生産物を供給するでしょう。AS曲
線が垂直なら、当然ですが、AD曲線のシフトはすべて物価水準
の変化のみを伴い、実質産出量に変化は生じません。

　前置きが長くなりましたが、上の図には、ケインズ経済学の
考え方が典型的に表れています。AS曲線は潜在的GNPまで水
平なので、AD曲線との交点Aでマクロ経済の均衡が成立します。
このときの実質産出量はQですが、潜在的GNPよりはかなり

低い水準にあります。それゆえ、図には「不況　ケインズの領域」（Depression Keynesian Region）と指し示されています。この場合は、総需要が足りないので、政府はAD曲線をできるだけ右のほうにシフトさせる対策（いわゆる「ケインズ政策」）を講じようとするでしょう。

　以上を押さえたうえで、次の英文を読んでみましょう。

　Figure 8-3 shows that output can be in equilibrium, *AS* and *AD* intersecting, in the flat region of the *AS* curve. Such an equilibrium displays two differences compared to the classical model. First, a modern economy like the United States or Europe can easily settle into an equilibrium with unemployment, even massive unemployment. Thus, if the *AD* curve intersects the flat *AS* curve far to the left, as is illustrated at point *A* in Figure 8-3, output may be in equilibrium far below its potential.

　Keynes thus proclaimed that unemployment could be a durable, persistent condition of a capitalist economy. A nation could remain at the low employment, high misery condition at point *A* for long periods — there is no automatic mechanism that guarantees a quick return of GNP to its potential.

　Keynes' second conclusion follows from the first. Through active government macroeconomic policies, the economy can be raised up from the low-employment equilibrium. For example, by increasing the money supply or raising government spending, economic policy would shift the *AD* curve to the right, from *AD* to *AD'*. As a result, output increases from *Q* to *Q'*, reducing the gap between actual and potential GNP. Thus *economic policy matters.*（p.147）

「図（8 章にある 8-3 図なので原文にそうありますが、ここでは単に図として訳します）は、産出量が、AS 曲線の水平の領域で、AS と AD が交差し、均衡に達しうることを示している。そのような均衡は、古典派のモデルと比較して二つの違いを示している。第一に、合衆国やヨーロッパのような現代経済は、失業、しかも大規模な失業さえ伴った均衡に容易に陥りうる。したがって、AD 曲線がはるか左のほうで水平の AS 曲線と交差するならば（図の点 A で示されている）、産出量は潜在的 GNP よりもはるかに低いところで均衡に達している可能性がある。

　かくして、ケインズは、失業は資本主義経済において永続性のある、持続的な状態になりうると明確に指摘した。一国は、点 A のところで、長期にわたって低い雇用やきわめて悲惨な状態にとどまりうる。すなわち、GNP をその潜在的 GNP の水準に迅速に回復させるのを保障する自動的なメカニズムはないのである。

　ケインズの第二の結論は、第一の結論から導き出される。政府による積極的なマクロ経済政策を通じて、経済を低雇用均衡から引きあげることができる。例えば、貨幣供給量を増加させたり、政府支出を拡大したりすることによって、経済政策は AD 曲線を右方に（AD から AD' へ）シフトさせる

だろう。結果として、産出量は Q から Q' へと増大し、現実の GNP と潜在的 GNP のあいだのギャップを縮小するだろう。したがって、経済政策は重要なのである。」

　ケインズ経済学の初歩的な解説としては、とてもよくできています。文章も簡潔で、語彙もそれほど豊富ではないので、英語が得意な読者なら辞書なしでも読めるでしょう。しかし、初歩的とはいえ、経済用語や経済理論はしっかり押さえておかねばなりません。

5　合理的期待革命

　サムエルソン = ノードハウスが原書第 12 版で初めて本格的に紹介したのが、16 章の付録として収録された「合理的期待革命」です。書いているのはおそらくノードハウスですが、マクロ経済学の新しいトピックスを手際よくまとめています。

　合理的期待形成仮説は、シカゴ大学のロバート・ルーカス（Robert Lucas Jr.）やニューヨーク大学のトーマス・サージェント（Thomas J. Sargent）などの仕事によって有名になりましたが、サムエルソン = ノードハウスは、合理的期待革命の基本前提を二つ挙げています。

　一つ目は、人々が「合理的期待」を形成するということ（利用できるあらゆる情報を駆使してバイアスのない予測をおこなうという意味）、二つ目は価格と賃金の伸縮性です。このような基本前提は、

「古典派」にきわめて類似しているので、ルーカスやサージェントなどを「新しい古典派」(New Classical Economics) と呼ぶこともありました。しかし、名称がどうこういうよりも、彼らの考え方が「古典派」の論理をより洗練された論理で提示したものだということをしっかり押さえておきましょう。

　サムエルソン＝ノードハウスは、合理的期待革命の考え方の特徴が労働市場の捉え方によく出ていると考えたのでしょう。下の図（16A-1とありますが、ここでも単に図と呼びます。縦軸に実質賃金、横軸に労働供給と雇用が測ってあります）を提示して、それに次のような説明を加えています。

　In a representative labor market, the original equilibrium is at point E. Even at that perfectly competitive equilibrium, employment (L) is less than the total labor force (M). So EG people are not employed. What happens if the demand for labor suddenly shifts downward to D'D? If wages are perfectly flexible, the real wage moves swiftly downward to clear the market at E'. Unemployment rises to E'G', but the higher unemployment is "voluntary."

　If wages are sticky, remaining at V after the downward shift in demand, then HE workers will become "involuntarily" unemployed.（p.337）

　「代表的な労働市場において、最初の均衡は点Eにある。完全な競争均衡においてさえ、雇用（L）は総労働力（M）

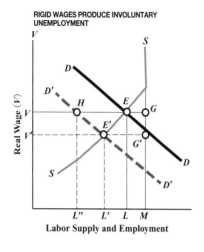

RIGID WAGES PRODUCE INVOLUNTARY UNEMPLOYMENT

以下のところにある。したがって、EG に当たる人々は雇用されていない。では、労働に対する需要が突然 D'D' へと下方シフトしたら何が起こるのか？　賃金が完全に伸縮的ならば、実質賃金は即座に下落し、点 E' において市場を清算する。失業は E'G' へと増大するが、より高い失業は"自発的"なものである。

　もし賃金が硬直的であり、労働需要の下方シフトのあとでも V にとどまるならば、今度は HE に当たる労働者が"非自発的に"失業するだろう。」

サムエルソン゠ノードハウスは、上のように指摘したあと、主流派と合理的期待学派のあいだでは、「非自発的失業」に対する考え方が根本的に違うことに注意を喚起します。次の英文を読んでみましょう。

The distinction between involuntary and voluntary unemployment lies at the heart of the dispute between the rational-expectations school and modern mainstream macroeconomists. The latter group thinks that a sizable fraction of unemployment is involuntary, and that in recessions the pool of involuntarily unemployed workers grows sharply.

By contrast, the rational-expectations school thinks that the importance of involuntary unemployment is vastly exaggerated. They think that labor markets clear quickly after shocks as wages move to balance supply and demand. Unemployment, in their view, increases because more people are hunting around for better jobs during recessions. People are unemployed because they think that their real wages are too low, not because wages are too high as in the case of sticky-wage unemployment.

To summarize:

Rational-expectations macroeconomics holds that prices and wages are sufficiently flexible so as to ensure continuous clearing of all markets, including the labor market. This implies that almost all unemployment is voluntary. People are unemployed because real wages are too low to induce them to work. (pp.337-338)

「非自発的失業と自発的失業の区別は、合理的期待学派と現代主流派マクロ経済学者のあいだの論争の核心に位置している。後者のグループは、失業のかなり大きな部分は非自発的であり、しかも景気後退のときには非自発的に失業した労働者のプールは不意に増大すると考えている。

　これとは対照的に、合理的期待学派は、非自発的失業の重

要性はひどく誇張されていると考えている。彼らの考えでは、労働市場は、ショックのあとでも、賃金が需要と供給をバランスさせるように動くので迅速に清算されるのである。失業は、彼らの考えでは、より多くの人々が景気後退のときにより良い職を探しているから増大するのである。人々が失業するのは、彼らが自分の実質賃金は低すぎると考えているからであり、硬直的賃金がもたらした失業のケースのように賃金が高すぎるからではない。

要約しよう。

合理的期待マクロ経済学は、価格と賃金は、労働市場を含むすべての市場の連続的清算を保障するほど十分に伸縮的であると主張する。これは、ほとんどすべての失業は自発的であるという意味を含んでいる。人々が失業するのは、実質賃金が彼らを仕事に誘引するには低すぎるからなのである。」

合理的期待学派にとって失業の大部分が「自発的」なものだという考え方は、アメリカのケインジアンがそれまでよく活用してきた右下がりのフィリップス曲線（失業率が下がるにつれて貨幣賃金上昇率が上がっていくという関係）への疑問にもつながっていきます。

合理的期待学派以前にも、有名なフリードマンによるフィリップス曲線批判はありました。すなわち、フィリップス曲線は「短期的には」右下がりになるけれども、「長期的には」自然失業率のところで垂直になるという批判です。合理的期待学派は、さら

に進んで、右下がりのフィリップス曲線は錯誤による「見せか
け」のものであり、「真」のフィリップス曲線は垂直だというの
です。自然失業率を通る垂直の一本の意味は、賃金上昇率と失業
率のあいだに「トレードオフ」の関係はないということです。下
の図（原文には16A-2とありますが、ここでも単に図と呼びます）に添
えられた英文を読んでみましょう（この図は、フィリップス曲線批
判なので、縦軸に賃金上昇率、横軸に失業率が測ってあります）。

According to rational-expectations macroeconomics, the true
Phillips curve is vertical. But we may observe an "apparent
short-run Phillips curve," drawn through points *B*, *A*, and *C*.

Point *B* arises when a shock hits the economy, raising money
wages above their expected levels. Workers are confused,
thinking that their real wages were raised, so they decide to
work more, and unemployment falls. Thus the economy lands
at point *B*. (Trace through the opposite pathway to *C*.)

As a result, economic historians see a scatter of points that
look like *A*, *B*, and *C* — and erroneously conclude that a stable
short-run Phillip curve exists. Thus spake Lucas and Sargent.
(p.339)

　「合理的期待マクロ経済学によれば、真のフィリップス曲線
は垂直である。しかし、私たちは、点B、点A、点Cを通
るように描かれた、「見かけ上の短期的フィリップス曲線」
を観察することができる。

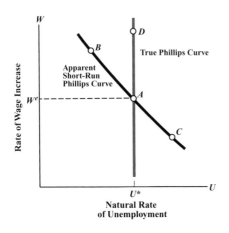

点Bが現れるのは、あるショックが経済に一撃を加え、貨幣賃金を彼らが期待する水準よりも引き上げるときである。労働者は混乱し、彼らの実質賃金が引き上げられたと思うので、もっと働くことを決意する。そのため、失業が減少する。かくして、経済は点Bに着地する。（点Cへの反対の道筋をたどってみてほしい。）

　結果として、経済史家には、A、B、Cのようにいくつかの点が散在しているのが見えるのである。そして、誤って次のように結論する。すなわち、安定した短期フィリップス曲線が存在すると。このように、ルーカスやサージェントは述べたのである。」

　要は、合理的期待学派にとっては、「真」のフィリップス曲線は自然失業率を通る垂直の一本だけであり、「短期的に」右下がりに見えるのは「錯誤」によるものだということを理解することなのです。確認の意味で、もう一つ、短い英文を読んでみましょう。

But notice the amazing result. If we connect the points of

surprise, they are apparently a normal short-run Phillips curve: downward-sloping and well-behaved. Thus the downward-sloping "apparent short-run Phillips curve" arises as the result of misperceptions about real wages or of relative prices. (p.339)

「しかし、驚くべき結果に注目しよう。もし私たちがサプライズによって生じた点をいくつかつないでいくと、見かけ上はふつうの短期的フィリップス曲線のようになるのである。すなわち、あの右下がりでお行儀のよい形をした曲線だ。かくして、右下がりの、"見かけ上の短期的フィリップス曲線"は、実質賃金や相対価格に関する錯誤の結果として生じるのである。」

ここまでくると、合理的期待学派がサムエルソン=ノードハウスとは経済政策の評価に関してかなり違った考え方をもっていることが推測されるのではないでしょうか。かつて、サムエルソンやロバート・M・ソロー（Robert M. Solow）が、アメリカでも賃金上昇率と失業率のあいだに「トレードオフ」の関係があることを発見したとき、現にある比較的高い失業率を、賃金上昇率が許容できる範囲を超えない程度に引き下げようとするケインジアンの理想を実現する可能性を見出したものでした。

もちろん、同じくアメリカのケインジアンであったジェームズ・トービン（James Tobin）が指摘したように、彼らには失業率を「自然失業率」以下に押し下げるような意図はありませんでした。そんなことをしたら、賃金上昇率そしてインフレ率が非常に

高くなり、許容範囲を超えるからです。しかし、合理的期待学派
は、そのように経済を「裁量」（discretion）によって操作しようと
するケインジアンの発想そのものが間違っていると主張しようと
するのです。次の英文を読んでみましょう。

To see the effects of government policy, we might imagine the
government saying, "Election time is coming. Let's pump up
the money supply a little." But people would say to themselves,
"Ahah, elections are coming. From past experience, I know
about the political business cycle; I know that the government
always pumps up the money supply before elections; I know
that my employer will raise money wages a little bit faster. But
prices will keep pace with money wages, so my real wage will
really stay the same. They can't fool *me*. You can't get me to
work any harder."

To see what will happen, look back at the Phillips curve of
Figure 16A-2. The government is trying to move the economy
to point *B*. But instead, as people anticipate the government's
action, the economy ends up at point *D* — with unemploy-
ment equal to the natural rate, but with inflation higher.

Thus rational-expectations macroeconomics says that the
short-run Phillips curve is vertical when the policy is anticipat-
ed. This is the *policy ineffectiveness theorem*:

With rational expectations and flexible prices and wages,

anticipated government policy cannot move the economy off the vertical short-run Phillips curve — the unemployment rate would be equal to the natural rate no matter what the anticipated economic policy.（p.340）

「政府による政策の効果を見るために、政府が次のように言っているのを想像することができるかもしれない。「選挙が近づいている。貨幣供給量を少し経済に注入しよう」と。しかし、人々は自分自身にこう言い聞かせるだろう。「ははあ、選挙が近いのだな。過去の経験から、私は政治的景気循環のことを知っている。私は、政府がつねに選挙前に貨幣供給量を経済に注入するのを知っている。私は、自分の雇い主が少しだけ早く貨幣賃金を引き上げることを知っている。しかし、価格がやがて貨幣賃金と足並みをそろえるだろうから、私の実質賃金は実際は同じ水準にとどまるだろう。彼らは私を騙すことはできない。あなた方は、私に少しでも仕事に精を出させることはできないのだ」と。

　何が起こるかをみるには、図（「16A-2」とありますが、上の図のことです）に示されたフィリップス曲線を振り返ればよい。政府は、経済を点 B へと動かそうとしている。しかし、そうではなく、人々が政府の行動を予想するので、経済は終いに点 D にたどり着く。そこでは、失業は自然率に等しいが、インフレがより進んでいるのだ。

　かくして、合理的期待マクロ経済学は、短期的フィリップス曲線は政策が予想される場合は垂直になるというのである。

これが政策無効命題である。すなわち、

　合理的期待と価格と賃金の伸縮性を仮定すると、予想され
た政府の政策は、経済を垂直の短期的フィリップス曲線から
動かすことはできない。すなわち、失業率は、予想された経
済政策がどのようなものであれ、自然率に等しくなるだろ
う。」

　合理的期待学派は、フリードマンのマネタリズムをさらに急進
化させた学説なのかと思われるかもしれませんが、必ずしもそう
ではありません。もちろん、自然失業率仮説を提示したのはフ
リードマンですが（繰り返しになりますが、彼は、「長期的には」フィ
リップス曲線は垂直になると主張しました）、合理的期待学派の批判
は、マネタリズムの処方箋（インフレを抑えるには、マネー・サプラ
イを一定率で増大させればよいという「ルール」）にも向かっています。
どういうことでしょうか。次の英文を読んでみましょう。

　One of the ironies of the rational-expectations revolution is
that, while it has lent support to the monetarists' advocacy of
fixed rules, it also has raised a devastating point against a key
monetarist argument. Monetarists note that the velocity of
money has shown a surprising amount of stability. From this
stability they conclude that we can stabilize $MV \equiv PQ \equiv$
nominal GNP by imposing a fixed money rule.

　A student of the rational-expectations movement should

scold monetarists, saying: "Ah, but you have forgotten the most important contribution of our new school, the "*Lucas critique*." Robert Lucas pointed out that people will behave differently when they face different kinds of policies. Just as the apparent short-run Phillips curve crumbled in the hands of Keynesians when they attempted to manipulate it, so will the apparently constant velocity fall apart when you attempt to run the economy by keeping money on a fixed-growth-rate track. If a nation clamps down hard on money — as the United States did in the 1979 to 1982 period — you should expect that velocity will behave differently from the era when monetary policy was more passive."

And such a scolding would be correct. Velocity became extremely unstable during the 1979–1982 period, when the Fed followed a monetarist operating rule. Indeed, 1982 showed the biggest decrease in velocity since the Federal Reserve began collecting the data. Monetarists, no less than Keynesians, have stumbled over the Lucas critique. (p.341)

「合理的期待革命のアイロニーの一つは、それが固定した ルールを主張するマネタリストを支持しながらも、マネタリ ストの主要な議論に対して破壊的な論点を提起することにも なったことである。マネタリストは、貨幣の流通速度が驚く ほど安定した値を示してきたことに注目する。この安定性か ら、彼らは次のように結論した。すなわち、私たちは、一

定のマネー・ルールを課すことによって、MV ≡ PQ ≡名目GNP を安定化させることができると。

　合理的期待運動のある学生は、そのようなマネタリストを叱責し、次のように言うはずだ。「ああ、しかし、あなた方は私たちの新しい学派の最も重要な貢献、ルーカス批判を忘れてしまっている」と。ロバート・ルーカスは、人々は異なった種類の政策に直面すると、行動を変えるだろうと指摘した。ちょうど見かけ上の短期的フィリップス曲線が、ケインジアンがそれを操作しようと試みたとき、彼らの手中で崩壊したように、見かけ上は一定の貨幣の流通速度も、貨幣を一定の成長率で増やしていく軌道を維持することによって経済を運営しようと試みるとき、やはり失敗するだろう。もし一国が貨幣の伸び率を厳格に抑え込もうとするならば——それは、実際、1979 年から 1982 年までの時期、合衆国で起こったことだが——、貨幣の流通速度は、金融政策がもっと受動的だった時代とは異なる動きを示すだろうと予想すべきである。

　そして、そのような叱責は、事実に合っているだろう。貨幣の流通速度は 1979-1982 年のあいだきわめて不安定になったが、そのときは、FRB（連邦準備制度理事会）がマネタリストの政策ルールに従った時期と重なっている。実際、1982 年は、FRB がデータの収集を開始して以来、貨幣の流通速度の落ち込みが最大になったのである。マネタリストも、ケインジアンと同じく、ルーカス批判の前につまずいたのである。」

サムエルソン＝ノードハウスの原書第 12 版は 1985 年の出版ですが、あれから 30 年以上の時間が経って、「合理的期待学派」という表現はほとんど使われなくなったといってもよいでしょう。それは、合理的期待の流行が去ったというよりも、合理的期待形成についての仮説は、現在では、新古典派ばかりではなくケインジアンにも広く利用されており、「革命」と呼ばれるほど珍しくなくなったからでしょう。「ニュー・ケインジアン」と呼ばれるマンキューなどが、そのよい例です。

　したがって、原書第 12 版で図式化されたような、「合理的期待学派」対「現代主流派マクロ経済学」という対比はいまではほとんど見かけなくなった、あるいは、合理的期待形成仮説そのものが広く学界に浸透したがゆえに、それも主流派の一角の中に根を下ろしたというべきでしょうか。

　もちろん、サムエルソン＝ノードハウス（とくに、サムエルソン）は、そのような言い方には反対するでしょうが、1960 年代の新古典派総合タイプのケインジアンは、もはや学界の主流派ではないとだけははっきり言えそうです。読者も、その点に留意しながら、サムエルソン＝ノードハウスの原書第 12 版を読んで下さい。

応用編　経済英文の読み方 (2)

ハイルブローナー＝ガルブレイス

サムエルソン＝ノードハウスの教科書ほど知られてはいません
が、ほかにも数種類、気になる教科書があります。ここに取り上
げるのは、ロバート・L・ハイルブローナー（Robert L. Heilbroner）
とジェームズ・K・ガルブレイス（James K. Galbraith）共著の *The
Economic Problem* (ninth edition, Prentice Hall, 1990) です。

　ハイルブローナーは、経済思想や経済史にも造詣の深い経済学
者として日本にも多くのファンがいました。彼が大学院生のと
きに書いた *The Worldly Philosophers: The Lives, Times and the Ideas of
the Great Economic Thinkers* (first published in 1953, Touchstone, seventh
edition, 1999) は、いまでも、経済思想史入門書として読み継がれ
ています（八木甫ほか訳『入門経済思想史　世俗の思想家たち』ちくま
学芸文庫、2001 年）。

　他方、ジェームズ・ガルブレイスは、超有名なジョン・ケネ
ス・ガルブレイスの息子で、現在は、テキサス大学オースティン
校教授をつとめています。父親と同じくリベラル派の経済学者で、
最近の著書では、『不平等――誰もが知っておくべきこと』塚原
康博ほか訳（明石書店、2017 年）があります。

　さて、*The Economic Problem* は、第 8 版（1987 年）の日本語版
が出ているのですが（中村達也訳『現代経済学』上・下、TBS ブリタ

ニカ、1990年）、それ以降の翻訳はありません。第8版は、ハイルブローナー、ジェームズ・ガルブレイス、そしてこれも超有名なレスター・C・サロー（Lester Thurow）の三人の共著だったのですが、第9版ではサローが落ちて、ハイルブローナー＝ガルブレイスの共著となっています。理由はよくわかりません。第8版と第9版では、大幅な改訂はないように見えるので、中村氏もあえて第9版を訳そうとはしなかったのだろうと推測されます。しかし、ハイルブローナーが次第に高齢で病気がちになったので（2005年には他界）、いずれにしても、第9版以降はタイムリーに改訂していくことは難しかったのではないでしょうか。

私はこの教科書の原書を以前アメリカの古本屋から取り寄せたのですが、興味深いことに、アメリカのある高校の図書館の廃棄印が押されてありました。高校の図書館にあるということは、教員の誰かが教科書に指定したか、そうでなくとも、副読本として推奨に値する本と見なされていたということです。

全体を通読してみると、私には次のような事情が見えてきました。この教科書は、基本はきちんと押さえてあるものの、サムエルソン＝ノードハウスやスティグリッツなどの教科書と比較すると、解説されているミクロとマクロの分量がやや少なめであること。しかし、ハイルブローナーが著者に加わっているだけに、資本主義の歴史や経済思想史の基本（スミス、マルクス、ケインズ）に多めのスペースを割いていること。さらに、当然ですが、ハイルブローナーもジェームズ・ガルブレイスもリベラル（ときにラディカル？）なだけに、全体的にリベラル派に近い立場で書かれ

ていること。

　ということなので、アメリカの優秀な高校生が手にとっても難解とは感じないだろうと思いました。難しい数学も出てきません。アメリカでもしこの本を教科書に指定して高校生に教えている教員がいたとしたら、それは素晴らしいことです。したがって、以下では、その雰囲気が伝わるような英文を拾って読んでみましょう。なお、第8版と第9版のあいだに大きな改訂はないので、経済学者であり練達の翻訳家でもあった中村達也氏の訳を十分に活用することをおすすめしたいと思います。

1　分析と抽象

　経済学の教科書は、ふつう経済学の定義から始まりますが、ハイルブローナー＝ガルブレイスは、「経済学の神秘性」から説き始めるという何とも不思議な書き方をしています。「貨幣の神秘性」、「経済学の言葉」そして経済学の「難しさ」と続けば、著者は一体なにが言いたいのだろうかといぶかしがる読者もいるでしょう。

　しかし、ハイルブローナー＝ガルブレイスは、この教科書の目的が "to demystify economics"（経済学の神話性を取り除くこと）だという落ちをつけています。つまり、難しい用語を使って何やらよくわからない現象を解明しようとしているように見えるけれども、種がわかってしまえば、経済学に「神話性」はないのだ、と言いたいわけです。

第1章は、「分析と抽象」について述べた文章で終わっていますが、これは「経済学の思考法」に慣れよという趣旨で書かれています。まず、この英文を読んでみましょう。

The idea of arguing brings us to our last word of counsel. Economics, as we have been at pains to say, is really not a hard language to learn. The key words and concepts are not too many or too demanding; the diagrams are no more difficult than those of elementary geometry. It is economic *thinking* that is hard, in a way that may have something to do with the aura of mystery we are out to dispel.

The hardness is not the sheer mental ability that is required. The reason lies, rather, in a special attribute of economic thought: *its abstract, analytic character.* Abstractness does not imply indifference to the problem of the real world. Economics is about things as real as being without work. Nevertheless, as economists we do not study unemployment to learn firsthand about the miseries and sufferings that joblessness inflicts. We study unemployment to understand and analyze the causes of this malfunction of the economic system. Similarly, we do not study monopoly to fulminate against the profiteering of greedy capitalists, or labor unions to deplore the abuse of power by labor leaders, or government spending to declaim against politician. We study these matters to shed light on their mechanisms, their reasons for being, their consequences.

There is nothing unusual in this abstract, analytic approach. All disciplines necessarily abstract from the immediate realities of their subject matters so that they may make broader generalizations or develop theories. What makes abstraction so difficult in economics is that the problems of the discipline are things that affect us deeply in our lives. It is difficult, even unnatural, to suppress our feelings of approval or anger when we study the operations of the economic system and the main actors in it. The necessary act of analysis thus becomes mixed up with feelings of economic concern or even partisanship. Yet, unless we make an effort to think analytically and abstractly in a detached way, we can be no more than slaves to our unexamined emotions. Someone who *knows* that corporations or labor unions or governments are "good" or "bad" does not have to study economics, for the subject has nothing to teach such a person.

You must therefore make an effort to put aside your natural partisanship and prejudice while you study the problems of economics from its abstract, analytic, detached perspective. After you are done, your feelings will assuredly come back to you. No one has ever lost a social outrage or social justice by taking a course in economics. But many students have changed or modified their preconceived judgments in one way or another. There is no escape, after all, from living in the world as economic citizens. But there is the option of living in it as

　「議論することの意味に触れたので、最後に私たちから助言
の言葉を伝えたい。経済学は、私たちが骨折って述べてきた
ように、実際は学ぶのが難しい言葉ではない。主要な用語や
概念が多すぎることもなければ、理解するのに過大な努力を
要することもない。例えば、図などは初等幾何学の図と比べ
て難しいということはない。難しいのは経済学の考え方であ
り、ある意味で、私たちが完全に追い払いたい神秘的雰囲気
といくらか関係があるかもしれない。」

　ちょっとここで切りましょう。やさしそうな英文ですが、始
まりの The idea of arguing brings us to our last word of counsel. は、
結構、訳すのに悩みます。中村訳が「議論するということの他
に、われわれの最終的な助言をしておこう」となっているのは名
訳です。そこまでいかずとも、もう少し英文が思い浮かぶような
訳はできないものでしょうか。考えた末に上の拙訳を提示しまし
た。idea はいろいろな意味に解釈することが可能ですが、ここで
は「思想」や「観念」は大げさで、「意味」くらいでよいのでは
ないでしょうか。brings 以下は、直訳の「私たちの最後の助言の
言葉にもっていく」をより日本語らしく表現したに過ぎません。

　「経済学の難しさは、単に要求される知的能力にあるのでは
ない。その理由は、むしろ、経済学の考え方の特殊な性質、

210

すなわち、その抽象的で分析的な特性にある。抽象的であるからといって、現実世界の問題に無関心ということではない。経済学は、失業を現実的な問題として取り扱う。それにもかかわらず、経済学者としての私たちは、失業することによって負わされる悲惨さや苦しさについてじかに知るために失業を研究するわけではない。私たちが失業を研究するのは、このような経済システムの機能不全の原因を理解し分析するためである。同様に、私たちは、貪欲な資本家が暴利をむさぼるのを非難するために独占を研究するのでもなければ、労働者の指導者が権力を濫用するのを嘆くために労働組合を研究するのでも、政治家を糾弾するために政府支出を研究するのでもない。私たちがこれらの問題を研究するのは、それらのメカニズム、その存在理由、その帰結に光を当てるためなのである。」

このパラグラフは、それほど難しいわけではありませんが、たまに日本人なら（あるいは英米人でも若い人なら）書かないような英語表現があります。例えば、Economics is about things as real as being without work. というような英文です。経済学が、without work (=unemployment) をリアルな現象として扱うのだという趣旨はすぐわかりますが、それなら、Economics deals with unemployment as a real phenomenon. ともっと簡潔明快な言い方があります。ただ、この章はたぶん練達の文章家だったハイルブローナーが書いているのでしょう。彼はいつももっと手の込んだ文章も書いているのですが、ここでは、やさしい単語しか使っていないの

に味な芸当を披露しています。

　「このような抽象的、分析的アプローチには他と異なったものはない。すべての学問は、必然的に、その主題の当面の現実を抽象化することによって、より広範な一般化や理論を展開できるようになるのである。経済学における抽象化を非常に困難にしているのは、その学問が取り扱う問題が、私たちの生活に深い影響を与える事柄だからである。私たちが経済システムやそこでの主要な登場人物の働きを研究するとき、賛同や怒りの感情を抑えるのは難しいし、不自然でさえある。こうして、分析という必要な行為が、経済的関心事の感情と混じり合うし、党派性にさえ巻き込まれることもある。それにもかかわらず、客観的な方法で分析的かつ抽象的に思考する努力をしなければ、私たちは野放しの感情への単なる奴隷と化してしまう。株式会社や労働組合や政府が「よい」か「悪い」かを知っている人は、経済学を学ぶ必要はない。なぜなら、その学問は、そのような人に教えることがないからである。」

　このパラグラフも英文は難しくないのですが、人によって解釈が微妙に食い違う可能性があります。例えば、The necessary act of analysis thus becomes mixed up with feelings of economic concern or even partisanship. という英文ですが、中村訳では、「したがって、分析という必要な行為が、経済的関心や党派性の感情と混じり合ってしまう」となっていました。ほとんど文句の

212

つけようのない訳です。

　ただ、一箇所だけ気になるのは、mixed up with がどのように
かかるかです。中村氏は、上の訳をみると、economic concern +
partisanship の感情と混ざり合うと解釈しています。これに対し
て、私は、feelings of economic concern + or even partisanship と
混ざり合うと読みました。「こうして、分析という必要な行為が、
経済的関心事の感情と混じり合うし、党派性にさえ巻き込まれる
こともある」と訳してみました。しかし、これもごく些細な解釈
の違いで、全体に影響するわけではありません。

　「したがって、あなた方が経済学の問題をその抽象的、分析
　的、客観的視野から研究するときは、自身の生来の党派性や
　偏見をわきにおく努力をしなければならない。それを済ませ
　た後で、あなた方の感情は確実に自分のところに戻ってくる
　だろう。経済学の科目をとったからといって、社会的義憤や
　社会的正義の感覚を失ってしまった人などいまだかつてない。
　しかし、多くの学生は、いずれにしても、経済学を学んだあ
　と、自分の先入観の入っていた判断を変化または修正させる
　ようになっている。結局、経済活動を営む市民としてこの世
　界に生きることから逃れられないのである。だが、知的で有
　能な経済市民として生きるという選択肢は残されている。私
　たちは、あなた方がこの科目を学ぶことを通じて、その褒美
　を勝ち取ることを願っている。」

個々の単語で迷う以外に難しいところはありません。economic

citizens を中村氏が「経済活動を営む市民」と訳したのは巧いと思いましたので、はじめに出てきたときに採用し、二度目は「経済市民」と簡潔に訳しました。最後の That is the prize we hope you carry away from this course. は、直訳すれば、「それこそが、あなた方がこの科目から獲得する褒美であると私たちは願う」となりますが、日本語らしくないので、多少英文法を崩してでも上のような拙訳を掲げました。

2　自由放任 **vs.** 政治的介入

　ハイルブローナー＝ガルブレイスの原書第 9 版第 2 章は、資本主義の歴史を俯瞰していますが、この部分もそれほど高度な内容ではなく、わが国における高校の世界史の教科書のレベルと大差がないかもしれません。しかし、「経済」に焦点を合わせているので、復習しながら読むには適当でしょう。最後の「自由放任 vs. 政治的介入」の部分を読んでみましょう。

Because of the economic freedom on which the market system rested, the basic philosophy of capitalism from Adam Smith's day forward has been laissez-faire — a French phrase, difficult to translate exactly, that means "leaving things alone." But within a few years of Adam Smith's time, the idea of leaving things alone was already being breached. In England the Factory Act of 1833 established a system of inspectors to prevent child and female labor from being abused. The Ten Hour Act (1847) set limits to the number of hours an employer might demand of his work force. In the United States the Sherman Antitrust Act (1890) made illegal the banding together of large companies to create "trusts." In the 1930s the Social Security Act established a system of old-age pensions; unemployment insurance assured unemployed workers of incomes; the Securities and Exchange Act imposed restrictions on the issuance of new securities. And in our time a long roster of legislation imposes government regulations with respect to the environment, occupational safety, and nuclear power, to mention only a very few instances.

The effects of these interventions into the market process have become central questions for economics itself. As we study micro- and macroeconomics, we will be studying not only how the market system works, but also how various efforts to interfere with the market system exert their influence. Needless to say, government intervention in the market is one of the most controversial aspects of economics. But we are not interested at this juncture in taking sides, pro or con. Rather, we should understand that from the first Factory Act, intervention has largely arisen out of a desire to impose corrective limits on the way in which the market system works or on the unwanted effects produced by technology.

Thus, if capitalism has brought a strong impetus for laissez-faire, it has also brought a strong impetus for political intervention. Indeed, the very democratic liberties that capitalism has encouraged have been a main source of demands for political action to curb or change the manner in which the economic system works. The political economy of capitalism has always revealed a tension between laissez-faire and intervention — a tension rooted in the tug of war between the equal distribution of voting power and the unequal distribution of buying power. That tension continues today, a deeply embedded part of the historic momentum of the capitalist system.（p.25）

「市場システムは経済的自由に基礎をおいているので、資本主義の基本哲学は、アダム・スミスの時代以降、レッセフェールであり続けた——レッセフェールというフランス語の言い回しを正確に翻訳することは難しいが、「物事に干渉しない」という意味である。しかし、アダム・スミスの時代から何年も経たぬうちに、物事を放任するという考え方は、すでに破棄されつつあった。イギリスでは、1833年の工場法が児童や女性の労働者が酷使されるのを防ぐための監査官制度を確立した。10時間法（1847年）は、雇い主が労働者に要求できる労働時間に制限を設けた。合衆国では、シャーマン反トラスト法（1890年）によって、大企業が同盟して「トラスト」を形成することが非合法と定められた。1930年代には、社会保障法が老齢年金制度を確立し、失業保険が失業した労働者に所得を保障し、証券取引法が新しい証券の発行に制限を課した。そして現代でも、ほんの少数の例を挙げ

るだけでも、環境、労働安全、原子力に関して政府規制を課す法律の長い一覧表ができている。」

このパラグラフは、最初の英文以外は、ほとんど英文法通り訳しても問題はないように思います。最初の英文は、この著者の文章の癖のような表現です。内容は、Because the market system rested on the economic freedom, と表現してもほぼ同じですが、the economic freedom をどうしても前に出したいなら、「経済的自由は、市場システムが機能するための基礎であるから」とでも訳すほかないでしょう。これはたぶんに好みの問題です。

「このような政府介入が市場プロセスにどのような効果を与えたかは、経済学それ自体にとっての中心的な問題になってきた。ミクロ経済学とマクロ経済学を学ぶにつれて、私たちは、市場システムがどのように働くかばかりでなく、市場システムに介入しようとするさまざまな努力がいかにしてその影響力をふるうのかを学ぶことになるだろう。いうまでもなく、政府が市場に介入することは、経済学のなかで最も論争の的になる側面の一つである。しかし、私たちは、この段階では、政府介入への賛成または反対のいずれの立場をとるかには関心がない。むしろ、私たちは、以下のことを理解すべきである。最初の工場法の制定から、政府による介入は、大部分、市場システムの働き方や、技術が生み出した望ましくない効果を矯正するような制限を課したいという願いから生まれてきたのだ、と。」

このパラグラフは次のパラグラフへの「伏線」ですが、この部分を読んだだけでも、ハイルブローナー＝ガルブレイスが、「レッセフェール」の現代版ともいえるフリードマンの新自由主義や、さらにその亜種である「市場原理主義」とは一線を画していることが想像できるのではないでしょうか。

　「かくして、資本主義がレッセフェールを強力に勢いづけたとすれば、それはまた政治的介入をも強力に刺激してきたのである。実際、資本主義が促進してきた非常に民主的な自由は、経済システムの働き方を制限または変化させようとする政治的行動への要求の主要な源泉であった。資本主義の政治経済学は、つねに、レッセフェールと介入のあいだの緊張を暴露してきた。そして、その緊張とは、投票権の平等な分布と購買力の不平等な分布のあいだの激しい闘争に根ざしているものである。その緊張は今日でも続いており、資本主義システムの歴史的趨勢の一部に深くはめ込まれているのである。」

　このパラグラフは、中村訳が見事なので、自分で訳すのをためらいましたが、逆にあえて原文が少しでも浮かぶような拙訳を掲げてみました。
　例えば、Indeed, で始まる英文ですが、中村訳では、「事実、資本主義の台頭によって普及した民主的自由そのものが、今度は経済システムの動きにブレーキをかけたり、方向を変えたりする政

治行動を引き起こす主な源泉となっている」とあります。

「資本主義の台頭」の「台頭」に当たるのは、capitalism has encouraged の encourage でしょう。A main source of demands for political action も「政治行動を引き起こす主な源泉」と訳されています。名詞のなかに動詞を読み込んだ名訳です。

しかし、最初からこのレベルの訳に到達するのは難しいでしょう。英文を正確に読み、なおかつそれをできるだけ日本語らしくする努力に終わりはありません。

3　資本主義はうまく機能するか？

初歩的な教科書で「資本主義はうまく機能するか」というテーマにこだわるのも珍しいと思いますが、ハイルブローナー＝ガルブレイスの教科書は、そのような「価値判断」を決して隠そうとはしていません。ふつうの教科書なら、スミスの「見えざる手」で価格メカニズムの「神秘」について触れたあと、それが旧社会主義諸国の「計画経済」よりもいかに優れているかを記述して済ませるくらいでしょう。それほど長くはないので、次の英文を読んでみましょう。

Adam Smith certainly believed in the workability of the system. Its success derived, in his view, from the inherent tendency of a market society to grow because of the driving force of its thrust for accumulation, and to adapt to change because of the mobility of its market institutions. Marx believed it was not workable because the very process of expansion, in the absence of any plan, would lead to crises of one sort or another. Keynes thought that capitalism might be workable, provided that government intervened to prevent it from undergoing long-lasting unemployment.

Many economists today strongly believe that Smith was essentially right, and that capitalism will work — if it is left alone. Obviously such economists predict a different outcome for the system than those who believe, along with Keynes, that the economy tends to settle down into a condition of persisting unemployment unless the government steps in to remedy this state of affairs. And neither the Smith-nor the Keynes-oriented economist will expect or predict the same outcome as someone influenced by Marx.

Which view of capitalism is correct? Economists have debated these matters for a long time, and have not come to any agreement. Moreover, as we see it, one can legitimately perceive the economy from each of these (and perhaps still other) perspectives. There are aspects of the system that are strongly self-stabilizing and corrective, other aspects that are powerfully self-destabilizing and destructive, and still others in which the workability of the system appears to depend on the policies we undertake.

At any rate, that is the point of view that will appear in

「アダム・スミスは、たしかに、資本主義システムがうまく機能しうることを信じていた。資本主義の成功は、彼の見解では、市場社会が蓄積への推進力のおかげで成長し、市場制度の流動性のおかげで変化に適応しようとする傾向を本来もっていることに由来していた。マルクスは、資本主義はうまく機能しないと信じていた。なぜなら、拡張のプロセスそのものが、なんらかの計画が存在しなければ、いずれかのタイプの恐慌につながるだろうから。ケインズは、資本主義はうまく機能しうると考えた。ただし、政府が介入することによって、長期にわたる失業に苦しめられるのを防ぐならばという条件を付けた。」

このパラグラフでは、Its success 以下の英文の構造を正確に把握することが重要です。the inherent tendency of a market society、「市場社会に本来備わる傾向」とはどこまでかかるのか。私は、to grow because of the driving force of its thrust for accumulation と、to adapt to change because of the mobility of its market institutions の両方にかかると判断しましたので、上の拙訳を掲げました。

「今日、多くの経済学者は、スミスが基本的に正しく、資本

主義は、放任されるならば、うまく機能すると堅く信じている。そのような経済学者が予測する資本主義システムの帰結は、明らかに、ケインズと見解を同じくする人たちとは異なっている。彼らは、経済は、政府が救済に乗り出さない限り、持続的失業の状態に落ち込んでいくと信じていた。さらに、スミスやケインズの思想に傾斜した経済学者は、マルクスの影響を受けた人と同じような帰結を期待することも予測することもしないだろう。」

このパラグラフは、Obviously such economists 以下の英文がやや訳しにくいと思います。前から後ろへを原則に訳してみても、unless 以下は先に訳さざるを得ません。しかし、to remedy this state of affairs は、救済すべき「このような事態」が何であるかは、その前に出てくる a condition of persisting unemployment であることは明白であるものの、「このような事態」だけを先に訳しても意味が通りません。結局、「政府が救済に乗り出さない限り」と訳しましたが、英語を日本語に移す難しさを改めて痛感しました。

「資本主義についての見解は、どちらが正しいのだろうか。経済学者は、この問題について、長いあいだ論争してきたが、いまだ合意には至っていない。さらに、私たちが見てきたように、このような見方（おそらくはまだ他の見方も）のうちどちらを採っても、経済を論理的に理解することができる。資本主義システムのなかには、きわめて自己安定化的・矯正

的側面もあれば、きわめて自己不安定化的・破壊的側面もある。さらにまた、資本主義体制がどう機能するかが、私たちが引き受ける政策に依存しているように思える側面まであるのである。

　ともかく、本書に登場するのは、このようなものの見方であり、特定の学派に縛られることはないと思ってほしい。多様な見方が存在すること——それは、私たちの見解では、妥当性をもっていること——を認識すのは、経済学者の見解がなぜ一致しないかという問題にも、さらに光を投げかけるものである。」

このパラグラフは、とくに問題はないと思います。ハイルブローナー＝ガルブレイスの特徴ある教科書は、日本では非常によく読まれることはなかったのですが、経済学の分析的側面よりは歴史的・思想的側面により関心のある読者なら読んでも決して損はないと思います。

あとがき

　本書は、前作『英語原典で読む経済学史』（白水社）と同じように、webふらんす上で連載したあと単行本にまとめる計画だったが、ほとんど原稿を完成してしまっていた昨年の秋、母が急遽入院となり、その後まもなく他界してしまったので、計画の大幅な修正を余儀なくされた。喪主として葬儀から納骨までの諸々の務めを果たすだけでも疲労困憊したので、担当編集者とも相談した上で、連載を断念し、単行本として出版する方向に切り替えてもらった。

　前作と同じように、私は英文をできる限り無理のない日本語に移し替える作業に従事したつもりだが、読者が単にそれだけで満足せず、経済学の理論や思想をさらに学びたいという意欲を持ってくれることを切に願っている。経済学は西欧で誕生し、その主流派はアングロ・サクソン圏で発展してきた学問だが、だからといって英語がわかっていればそれで十分だとは必ずしも言えない。西欧の学問は、英仏間、独仏間その他のように相互に交流があり、例えばイギリス一国だけでみてイギリス経済思想史がわかるというほど単純ではない。

　本書には、ハイエク、ポランニー、シュンペーターのように、

アングロ・サクソン圏の生まれではないが、英米での研究生活によってその思想を深化させていった経済学者が何名か登場する。彼らの評伝を読めば、そのことは明瞭にわかる。もっとも、いまでは、彼らが英語以外の言語で発表した論文や著作の多くは英語で読めるようになっているので、ドイツ語やフランス語などを学ぶ意義が減ってきているように見えるだろう。だが、英米の経済風土と独仏の経済風土に違いがあるように、ドイツやフランスで生まれた経済学の理論や思想を英語で読んでも、それらを本当の意味で理解したとは言えないかもしれないのである。

こんなことを書くのは、実は、次作（シュンペーターの著作を英語原典で読む）の執筆をすでに開始しているのだが、シュンペーターが書いたドイツ語の著作の英訳を読んだだけでは、ドイツ語特有のニュアンスが伝わらないような箇所に何度も出会しているからである。「英語で読む」ことを主眼とした本を書きながら私が何か奇妙なことを言っているようにいぶかる読者もいるかもしれないが、それでも、「英語は一つの言語に過ぎない」ことを忘れないでほしい。そういうのは、決して英語で学会報告をしたり英語で論文を書いたりすることの意義を過小評価しているからではなく、英語を含めて英米の経済学や経済思想を相対化し、すべての学問が英語だけでできるかのようにナイーブに信じている「絶対主義者」に警鐘を鳴らしたいがためである。

学問は決してやさしくはなく苦労なしに身につくものでもない。「なんでもわかりやすく」をモットーにした教養本や漫画などがたくさん書店に並んでいるのをみると、それが本格的な学問へのきっかけを与えるならばと淡い期待は持ちながらも、しかし「学

問の厳しさ」を知らずして「学問の楽しさ」はわかるはずがない
と反論したくなってしまう。

　こんなことを「あとがき」に書くようになったのも、私がおそ
らく歳をとったせいではないか。読者にそう思われても一向に構
わないのだが、京都大学には昔からそのような「ひねくれ者」が
よくいたものだ。私もその一人になったということだろう。

　　　　　コロナ・ショックの早期終息を願いつつ

　　　　　　　　　　　　　　　2020 年 4 月 5 日
　　　　　　　　　　　　　　　根井雅弘

根井雅弘（ねい・まさひろ）
1962年生まれ。1985年早稲田大学政治経済学部経済学科卒業。1990年京都
大学大学院経済学研究科博士課程修了。経済学博士。現在、京都大学大学院
経済学研究科教授。専門は現代経済思想史。『定本　現代イギリス経済学の
群像』（白水社）、『経済学の歴史』、『経済学再入門』（以上、講談社学術文庫）、
『ガルブレイス』、『ケインズを読み直す』、『英語原典で読む経済学史』（以上、
白水社）、『経済学者の勉強術』、『現代経済思想史講義』（人文書院）他多数。

英語原典で読む現代経済学

2020年5月25日　印刷
2020年6月15日　発行

著　者 ©　　根　井　雅　弘
発行者　　及　川　直　志
印　刷　　株式会社三陽社
製　本　　誠製本株式会社

発行所
101-0052東京都千代田区神田小川町3の24
電話 03-3291-7811（営業部）, 7821（編集部）　　株式会社白水社
www.hakusuisha.co.jp
乱丁・落丁本は、送料小社負担にてお取り替えいたします。

振替 00190-5-33228　　　　Printed in Japan

ISBN978-4-560-09773-1

英語原典で読む経済学史

根井雅弘

根井ゼミへようこそ！　アダム・スミスからケインズまで、英語原典に直に触れながら経済学の歴史を学ぶ、はじめての経済学史講義！

定本　現代イギリス経済学の群像
正統から異端へ

根井雅弘

社会主義がベルリンの壁とともに崩れた 1989 年、現代経済学の起源を米主流派ではなく英ケンブリッジ学派に見出した記念碑的著作。

ケインズを読み直す
入門 現代経済思想

根井雅弘

当代を代表する経済学史家が初歩からケインズを解説する入門書。現代経済学の基本枠組みをこれ以上ないほど分かりやすく説明している。コラムでは、ケインズの英語原文を掲載し、詳述。現代経済学者列伝も付した、経済学入門の決定版。

ガルブレイス
異端派経済学者の肖像

根井雅弘

経済危機の深まりと没後十年で再注目。「拮抗力」「依存効果」「社会的アンバランス」「テクノストラクチャー」など新概念で資本主義の本質に迫ろうとした異端派の肖像。

アメリカの資本主義

ジョン・K・ガルブレイス

新川健三郎 訳

巨大かつ強力な市場支配にいかに対峙すべきか？　チェーンストアや生協、労組に「拮抗力」を見出した異端派経済学者の輝ける出発点。